いちばんやさしい

民事信託の税務

税理士 座間泰明 著

JN002256

日本法令

はしがき

　本書の目的は、個人が家族のために設定する、いわゆる**民事信託の税務**の取扱いを正しく知ってもらうことです。

　本書を読んでいただきたいのは、主に税理士をはじめ、弁護士や司法書士など専門家の方です。

　とはいえ、このような専門家ではない方が読んでも理解がたやすいよう、分かりやすい解説に努めました。

　信託を初めて知ろうとする一般の方にも、ぜひ読んでいただきたいです。

　「民事信託の税務」は、個人であるのに法人税が課税される場合があるなど、難解と言われています。しかし一方で、とても便利で使い勝手が良い制度でもあります。

　筆者は現在税理士ですが、税理士になる前は、約30年の長きにわたって信託銀行に勤務していました。信託銀行では、遺言信託などの相続業務に長く携わりました。あるきっかけにより信託銀行を退職し、税理士となる決断をしたのですが、税理士になっても収入を得るあてはありませんでした。また、税理士としてのスタートも遅いことから、同業との差別化を図る必要があると考え、「信託銀行での相続業務経験を活かし、信託と相続に関する税金のプロになる」という目標を設定しました。

　とはいえ、信託銀行の業務ではない民事信託の仕組みやその税務について、当時はほとんど何も知らない状態でしたので、信託税制の勉強を真剣に始めました。正確に数えていませんが、概ね300種類以上の書籍や論文等に学び、研究をして信託税制に関する論文も書きました。

　このような学習・研究と実務経験を経て、筆者は「民事信託は使える。信託銀行より便利だ」ということを実感しました。本書もこのような立場から書かれています。

また、「民事信託による節税はできない」という声をよく聞きますが、「そんなことはない」というのが筆者の結論です。本書は民事信託の節税効果についても、その実際のところを解説しています。

　民事信託の税務には、国税庁などから明確な見解が出されておらず、不明確な点が多く存在します。そのような不明確な点について、多くの実務書などでは「慎重に対応すべき」と述べるに留まるのみで、結論が書かれていません。

　一方、本書では、そのような不明確な点について、あえて掘り下げています。筆者の見解も、極力明確な根拠を示したうえで、随所に盛り込んでいます。

　もちろん、筆者の見解が必ずしも正解とは限りません。それでもあえて不明確な点を掘り下げて著者の見解を示したのは、多くの専門家が過度に税務リスクを恐れるあまり、有用な制度である民事信託の活用機会を失うのを防ぎたいからです。また、読者諸氏が筆者の見解を契機として、さらに検討を重ねていただきたいからです。検討の結果、新たな見解が生まれれば、それで本書の目的は達成します。そのような専門家の見解は、民事信託を検討する相談者にとってなにより重要なアドバイスとなるでしょう。

　本書が、税務の取扱いを正しく知り、過度に税務リスクを恐れることなく民事信託を有効に活用する一助となれば幸いです。

令和4年6月
税理士　座間泰明

も く じ

第1章 | 民事信託の仕組み

第2章 | 信託課税 (基本編)

第7章 | 税務署への提出書類（法定調書）

主な参考文献

参考文献のうち下記のものについては、太字の箇所のみを記載しています。

●書　籍

新井誠『信託法 第4版』（有斐閣、2014）

伊庭潔編著『信託法からみた民事信託の実務と信託契約書例』（日本加除出版、2017）

遠藤英嗣『全訂 新しい家族信託 遺言相続、後見に代替する信託の実際の活用法と文例』（日本加除出版、2019）

奥村眞吾『事例と関係図で分かる相続税対策としての家族信託』（清文社、2016）

奥村眞吾『税理士が知っておきたい信託の活用事例と税務の急所』（清文社、2015）

川嵜一夫著ほか『増補版 いちばんわかりやすい家族信託のはなし』（日本法令、2017）

金子宏『租税法 第24版』（弘文堂、2021）

神田秀樹・折原誠『信託法講義 第2版』（弘文堂、2014）

小林磨寿美編ほか『最近の難解税制のポイントと実務の落とし穴』（清文社、2011）

笹島修平『5訂版 信託を活用した新しい相続・贈与のすすめ』（大蔵財務協会、2020）

佐藤英明『信託と課税（租税法研究双書）』（弘文堂、2000）

佐藤英明『スタンダード所得税法 第2版』（弘文堂、2016）

鯖田豊則『信託の会計と税務 第2版』（税務経理協会、2017）

潮見佳男『詳解 相続法』（弘文堂、2018）

菅野真美『事例でわかる税理士のための民事信託』（第一法規、2020）

高橋倫彦編著、平野和俊・小山浩・木村浩之共著、佐藤修二監修『受益権複層化信託の法務と税務』（日本法令、2020）

谷口勢津夫『税法基本講義 第7版』（弘文堂、2018）

寺本昌弘『逐条解説 新しい信託法 補訂版』（商事法務、2008）

道垣内弘人『信託法』（有斐閣、2017）

長崎誠ほか『事業承継・相続対策に役立つ家族信託の活用事例』（清文社、2016）

成田一正・金森健一・鈴木望著ほか『賃貸アパート・マンションの民事信託の実務』（日本法令、2019）

能見義久・道垣内弘人編『信託法セミナー3 受益者等・委託者』（有斐閣、2015）

樋口範雄『入門 信託と信託法 第2版』（弘文堂、2014）

平川忠雄監修ほか『民事信託実務ハンドブック』（日本法令、2016）

●記　事

喜多綾子「『受益者等が存しない信託』の課税と受益者等の意義－目的信託を中心として－」立命館法学 318 号（2008）

佐々木誠「受益権が質的に分割された信託に対する所得税の課税に関する考察」税大論叢 92 号（2018）

坂田真吾「信託内借入の債務控除に関する一考察 相続税法9条の2第4項の適用問題」税務弘報 68 巻5号（2020）

成田一正「委託者兼受益者に相続が発生した場合の債務控除」家族信託実務ガイド 19 号（2020）

宮田浩志「委託者の地位の承継に関する条項」家族信託実務ガイド 17 号（2020）

第**1**章

民事信託の仕組み

1

仕組み

そもそも信託とは

　「民事信託に関する税務の取扱い」の解説を始める前に、「そもそも信託とは何か？」から話を始めます。「そんなことぐらいは分かっているよ」という人は、**第2章**にお進みください。

　信託の定義として、信託法は次のように定めています。

◆ 信託法2条1項

> 　「信託」とは、（略）特定の者が一定の目的（専らその者の利益を図る目的を除く。（略））に従い財産の管理又は処分及びその他の当該目的の達成のために必要な行為をすべきものとすることをいう。

　「そもそも信託とは」と問われた場合、この定義が最も正確な答えです。とはいえ、これだけでは抽象的で分かりにくいので、もう少しかみ砕いてみましょう。

　信託はまず、自分（「委託者」といいます）の大切な財産を、信頼できる人（「受託者」といいます）に託す（預ける）ことから始まります。

　次に、受託者は、託された財産を委託者が決めた目的に従って管理・運用をします。

　最後に、受託者は、信託された財産を管理・運用した結果として生じた利益を委託者が指定した人（「受益者」といいます）に渡します。

　これが信託の最も基本的な仕組みです。

◆ 図1　信託の基本（他益信託）

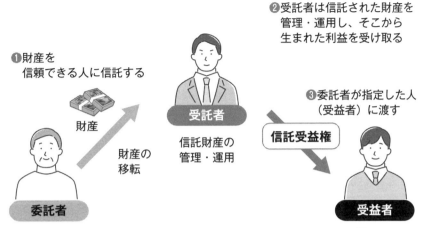

❷受託者は信託された財産を
　管理・運用し、そこから
　生まれた利益を受け取る

❶財産を
　信頼できる人に信託する

財産

受託者

信託財産の
管理・運用

財産の
移転

委託者

❸委託者が指定した人
　（受益者）に渡す

信託受益権

受益者

出典：信託協会ホームページ[1]を基に修正

　図1のように、信託には必ず、委託者・受託者・受益者というプレイヤーと信託財産が登場します。

◆ 用　　語

委託者	財産の所有者。財産を預ける（信託する）人。
受託者	財産を預かって（信託されて）管理・運用する人。具体的には家族、信託銀行など。
受益者	恩恵を受ける人。信託財産から生じる利益を得る人。
信託財産	委託者の財産。信託する対象財産。

　これら用語は、これから何度も登場しますので、きちんと押さえましょう。
　これら用語を用いると、信託は次のように定義できます。

---

[1]　https://www.shintaku-kyokai.or.jp/trust/base/
　　12頁の図2も同様。

> 信託とは、委託者が受託者に自分の財産を託し、委託者が決めた信託の目的に従って、受益者のために、受託者がその財産を管理・運用する制度をいう。

　なお、図1のように、自分以外の受益者のためにする信託を「他益信託」といいます。

　一方で次の図2のように、委託者自らが受益者になることもできます。このような「委託者と受益者が同一人物である信託」を「自益信託」といいます。

　つまり、信託は「誰かのために」財産を管理・運用できるだけでなく、「自分のために」財産を管理・運用することもできるのです。

◆図2　自益信託

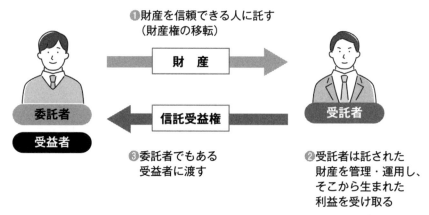

出典：信託協会ホームページ を基に修正

　本書のテーマである民事信託においては、この自益信託が最も活用事例が多いです。税務上のデメリットが少ないからです（税務については第2章以後で後述）。

2 民事信託とは

仕組み

　信託は、「民事信託」と「商事信託」に大別されます。その違いは受託者が誰になるかという点です。

　民事信託の受託者は、主に家族や親族です。そのため、民事信託は、家族信託[2]とも呼ばれています。

　商事信託の受託者は、信託銀行や信託会社です。

　このような受託者の違いは、信託の利用目的の違いに結び付きます。

　民事信託の利用目的は、家族の財産管理やその財産の承継が中心です。すなわち、民事信託は、営利を目的としない（非営利目的）で設定されるものです。

　一方、**商事信託の利用目的**は、財産管理や財産の運用（投資）が中心です。信託銀行や信託会社のビジネスを目的として設定されるものであり、営利目的です。

◆ 信託の種類

信託
- 商事信託…信託銀行等が受託者（営利目的）
- 民事信託…家族等が受託者（非営利目的）

　本書は民事信託をテーマとするものです。以後、特にことわりのない限り、信託は民事信託であることを前提とします。

2　「家族信託」は一般社団法人家族信託普及協会の登録商標。

3 民事信託の利用目的

仕組み

　従来、わが国における信託は、商事信託を中心に発展し、民事信託はほとんど利用されていない状況が続いていました[3]。しかも、商事信託は、金銭を信託する金銭信託を中心とした財産の運用（投資）のための信託が中心でした[4]。一般に「信託」と聞いて、金銭を株式や債券などで運用する投資信託をイメージする人が多いのも、そのためでしょう。

　もちろん、投資信託だけが信託ではありません。信託は本来、財産管理の一つの方法です[5]。

　信託のうち民事信託は、主に家族の財産の管理・財産の承継の手段として利用されます。具体的には、

> ・認知症等により財産管理に支障が生じる事態を防止する認知症対策
> ・死亡による財産承継を円滑にするための相続対策
> ・事業承継を円滑にするための事業承継対策
> ・財産の承継時の節税対策

などを目的として信託を設定します。

　このうち節税については、「民事信託に節税効果はない」とする見解をインターネット上等でしばしば見受けます。はたしてこの見解は妥当なものなのでしょうか。

　例えば、不動産を次世代へ承継する手段の一つとして贈与や親族間での売買が考えられますが、その際、不動産取得税や名義変更登記の際の

---

[3]　神田秀樹・折原誠『信託法講義』7頁
[4]　神田秀樹・折原誠『信託法講義』7頁。なお現在、商事信託における信託の活用目的は、資産の流動化・証券化など多様化している。
[5]　神田秀樹・折原誠『信託法講義』1頁

登録免許税がコストとして発生します。この不動産取得税や登録免許税などの流通税については、贈与や売買の場合よりも信託を活用する方が低くなります（詳しくは後述）。このため、筆者の知る限りでも、不動産の流通税の節税のために信託を利用する事例が少なからず存在しています。さらに、贈与税・相続税の節税効果が生じる活用の仕方も存在します。

　節税目的で民事信託を活用することは、好ましいものではないのかもしれません。しかし、少なくとも「民事信託に節税効果はない」と言い切ることは誤っているといえます。

◆ 民事信託の利用目的

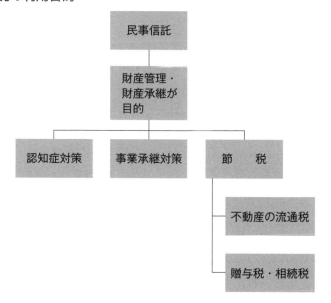

4 民事信託の特徴

仕組み

　信託は、委託者・受託者・受益者の三者の関係に基づく制度です。前述のとおり、委託者が保有する財産を契約などにより[6]、受託者に託すことから信託が始まります。一般的には、これを「信託する」といっています。

　「信託する」ことで、委託者の財産は受託者の名義になります。つまり、信託財産の所有権が受託者に移ります。この点こそ、他の制度にはない、信託の最も大きな特徴です。

　ただし、所有権が受託者に移るといっても、受託者が信託財産に対する完全な所有権を持つわけではありません。信託財産の所有権が受託者にあるからといっても、受託者自身のために使用したり、処分したり、運用したりすることはできないということです。

　受託者はあくまでも、委託者が決めた信託目的を達成するために信託財産を管理・運用しなくてはならず、基本的には「受益者の利益のためにのみ」行動しなくてはなりません。

　つまり、信託財産は受託者の名義にこそなりますが、受託者に所有権が移転するのは形式的なものです。信託財産は決して受託者のものではなく、実質的には受益者のものであると考えて差支えありません。

　そして、信託された財産が実質的に受益者のものであるという考え方が、税務の取扱いにおける基本的な考え方です。

---

[6]　信託は、遺言による設定もできるが、通常は契約により設定する（川嵜一夫『いちばんわかりやすい家族信託のはなし』46頁）。

◆ 民事信託の特徴

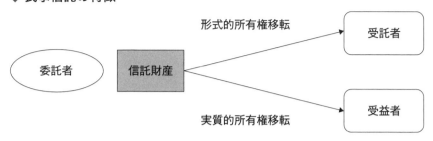

　そもそも、なぜ信託財産を受託者の名義にするのでしょうか。

　結論からいえば、受託者が信託財産の管理・運用をやりやすくするためです。

　例えば、不動産を信託した場合であれば、その不動産の名義を受託者とする登記を行います。そうすると、受託者は、その名において不動産の賃貸契約や管理契約を結んだり、売却したりすることが可能となります。つまり、不動産に関する契約などの際、委託者の同意を得る（＝印鑑をもらう）必要がないということです[7]。財産の管理・運用をする受託者にとっては、この方が便利です。

　さらに、不動産の所有者であった委託者が認知症等のためその意向を確認できなくなったとしても、受託者が困ることはありません。不動産の所有者は受託者であり、不動産の管理・運用はすべて受託者の名において行うからです。信託が認知症対策に有効な手段であるといわれるのも、このような理由のためです。

---

[7]　川嵜一夫『いちばんわかりやすい家族信託のはなし』57 頁

受益者と受益権の内容

　信託は、委託者・受託者・受益者の三者の関係に基づく制度ですが、受益者のためにある制度といえます。信託では、受益者が持つ権利である「受益権」が最も重要な権利です。

　受益権の内容は、信託法2条7項において、次のように定めています。

◆ 信託法2条7項

> 　この法律において「受益権」とは、信託行為に基づいて受託者が受益者に対し負う債務であって信託財産に属する財産の引渡しその他の信託財産に係る給付をすべきものに係る債権（略）及びこれを確保するためにこの法律の規定に基づいて受託者その他の者に対し一定の行為を求めることができる権利をいう。

　この条文は、「及び」の前後で2つに分解できます。

　前半は、受益権とは「信託財産に係る給付をすべきものに係る債権」である、としています。すなわち、受益権とは、受託者に信託財産から生じる利益の分配を求めることができる請求権（＝債権）だということです。信託法では、このような権利を「受益債権」と呼んでいます。

　後半は、受益権とは「一定の行為を求めることができる権利」である、としています。この第2の権利は、受託者に対する監督的権利（監視・監督権）といえます[8]。

8　神田秀樹・折原誠『信託法講義』131頁

◆ 受益権（信託法の定め）

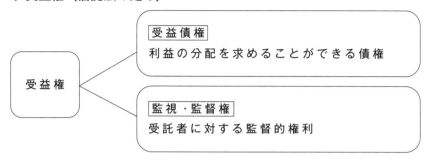

　以上のように信託法によれば、受益権とは、受益債権と監視・監督権という2つの権利を併せたものです。

　しかし、このような受益権の定義は、広義の受益権のものであり、狭義の受益権は受益債権を指すものという見解もあります[9]。そして、この受益債権は、信託財産から生じる利益を受ける権利と信託財産の元本（＝信託財産自体）を受ける権利という2つの権利から成り立っています[10]。この2つの権利については、信託財産から生じる利益を受ける権利を「収益受益権」といい、信託財産の元本（＝信託財産自体）を受ける権利を「元本受益権」といいます[11]。

---

[9]　鯖田豊則『信託の会計と税務』149頁
[10]　鯖田豊則『信託の会計と税務』149頁
[11]　「収益受益権」と「元本受益権」の定義について、信託法では定められていない。相続税法基本通達9-13において以下のとおり記載がある。
　・収益受益権……信託に関する権利のうち信託財産の管理及び運用によって生ずる利益を受ける権利をいう
　・元本受益権……信託に関する権利のうち信託財産自体を受ける権利をいう

◆ 受益権

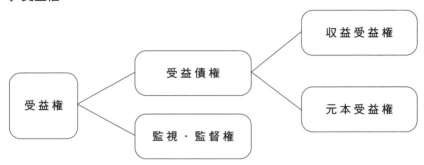

　信託では、受益権を収益受益権と元本受益権に分割することができ、これを「**受益権の複層化**」と呼んでいます。受益権の複層化は、信託の活用方法として有用なものです。ただし、受益権が複層化された場合の税務の取扱いには、いくつかの論点があります（詳細は後述）。

信託の機能とメリット

　信託を活用するメリットは、信託独自の機能を活用することにあるといえます。信託独自の機能とは、❶意思凍結機能、❷受益者連続機能、❸受託者裁量機能、❹財産権の性状の転換機能の4つです。

1　意思凍結機能

　意思凍結機能とは、「信託設定当時における委託者の意思を、委託者の意思能力喪失や死亡という主観的事情（個人的事情）の変化に抗して、長期間にわたり維持するという機能」[12]とされています。このような機能が信託にあるのは、信託財産を受託者名義とするので、信託財産の管理・運用の意思決定をするのは委託者でなく受託者となるからと考えられます。つまり、信託財産の管理・運用について、委託者の意思確認が不要となるのです。

　このような意思凍結機能があることから、民事信託は「認知症対策」や障害のある子の「親なき後問題」に有効といわれています。

（ア）認知症対策

　例えば、銀行は原則として、本人以外の人にはお金の引き出しには応じてくれないので、認知症になった人の口座にあるお金を家族が代わりに引き出すことができない、という問題があります。これに対応するために民事信託の活用が考えられます。

　具体的には、子を受託者として信託契約を締結しておくことで、も

12　新井誠『信託法』84頁

し親が認知症になった場合でも、子が親の生活費などを信託財産から支出できるようになります。

(イ) 親なき後問題

障害を有する子がいる場合、親が死亡した後に障害を有する子の財産管理や生活保障をどうするか、という問題が、いわゆる「親なき後問題」です。この問題への対応にも民事信託の活用が考えられます。

典型的なのが、家賃収入を生むアパートなどを持っている親に障害を有する子がいる場合です。この場合、親が委託者となり、保有するアパートを信託財産として、信頼できる親戚を受託者にして、その親戚に保有するアパートを信託します。そして、親の死亡後は、障害を有する子が受益者となるような信託を設定します。そうすれば、アパートの管理は受託者である親戚が行い、アパートから生じる家賃収入は障害がある子に渡るので障害を有する子の財産管理と生活保障の問題が解決できます。

2 受益者連続機能

受益者連続機能とは、委託者によって設定された信託目的を長期間固定しつつ、信託財産を複数の受益者に連続して引き継ぐ機能です[13]。以下のような信託が典型的事例です。

◆ 受益者連続機能を活用した信託の事例

> 最初は本人が第一受益者となり、本人死亡後は配偶者を第二受益者に、さらに配偶者の死亡後には子を第三受益者に指定する。

---

[13] 新井誠『信託法』488頁

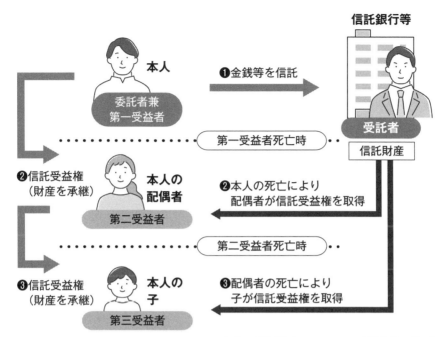

出典：信託協会ホームページ[14]を基に修正

　ところで、上記のような財産の引継ぎの仕方は、遺言ではできないのでしょうか。仮に、遺言で上記のような財産の引継ぎを行う場合は、次のようになるでしょう。

◆ 遺言例

> 　私が亡くなったら財産を妻へ相続させる。妻の死亡後は、さらに長男へ相続させる。

　しかし、このような遺言については、遺言の後半に記載された「妻の死亡後は、さらに長男へ相続させる。」という部分は無効との見解が有力です[15]。遺言で財産の引継ぎを定めることができるのは自分の死亡時だけであって、妻の死亡時の財産の引継ぎまで定めることはできないといわれています[16]。もし、妻の死亡時の財産の引継ぎを定めたい場合

14　https://www.shintaku-kyokai.or.jp/trust/base/

は、妻自身が遺言を作成する必要があるのです。

　一方、信託では、自分の死亡時だけでなく、妻の死亡時（2次相続）の財産の引継ぎを定めることができます。さらに、長男の死亡時（3次相続）の財産の引継ぎも定めることもできます。このように受益者連続機能を活用した信託を「**受益者連続型信託**」といいます。

◆ 遺言と信託の相違

	遺　　言	信　　託
2次相続以降の財産の引継ぎ	できない	できる

　受益者連続型信託の活用の必要性が高い例として、前妻との間には子がいるが、後妻との間には子がいない場合が考えられます。このような場合、「自分が死んだら（1次相続時）自分の財産は今の妻（後妻）に相続させたいが、後妻の相続の際には（2次相続時）、後妻へ相続した財産を後妻の相続人には相続させず、前妻との間の子へ取得させたい」と考える場合が多いでしょう。

　このような意向であっても、遺言でできることは、自分の相続の際に後妻へ財産を相続させることのみです。後妻の相続の際の財産の承継先まで遺言で決めることはできません。そうすると、後妻の相続の際は、後妻へ相続した財産は、後妻の法定相続人（後妻の兄弟姉妹となる場合が多い）に相続されてしまいます。前妻との間の子は、後妻の法定相続人ではないからです。

15　大村敦志「『後継ぎ遺贈』論の可能性」道垣内弘人ほか『信託取引と民法法理』217-252頁（有斐閣、2003）、および佐久間毅「人の死亡による財産承継と信託」報告書『資産の管理運用制度と信託』73頁以下（公益財団法人トラスト60、2002）

16　しかし、米倉明「後継ぎ遺贈の効力について」法学雑誌タートンヌマン3号1頁以下（1999）、稲垣明博「いわゆる「後継ぎ遺贈」の効力」判例タイムズ662号40頁以下（1989）、田中亘「後継ぎ遺贈－その有効性と信託による代替可能性について」米倉明編『信託法の新展開―その第一歩をめざして』211頁以下（商事法務、2008）では、遺言でもできる可能性があるとの見解も示されている。

◆ 遺言による財産承継

後妻　　　　　　　前妻の子

　そこで、受益者連続型信託の活用する必要が生じます。すなわち、信託を設定し、本人が死亡した際は、後妻が第一受益者となり、後妻の死亡後は前妻との間の子を第二受益者にする内容にすれば、後妻の相続人には相続させず、前妻との間の子へ財産を取得させることができます。

◆ 受益者連続型信託による財産承継

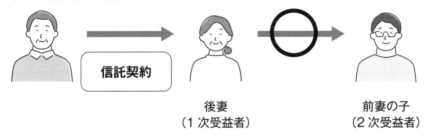

信託契約

後妻　　　　　　　　　　前妻の子
（1次受益者）　　　　　（2次受益者）

3 受託者裁量機能

　受託者裁量機能には2種類あります。

　一つめは、委託者が指定した候補者の中から、受益者の選定を受託者等の第三者に委託できる機能です（信託法89条）。

　二つめは、受益者に対する財産の引き渡しの内容・金額を受託者の裁量に委ねる機能です[17]。

　具体例を挙げます。

◆ 受託者裁量機能を活用した信託の事例 [18]

> 私の死亡後は受益権を妻に与え、さらに妻の死亡後は、子３人のうち、私の死亡後残された妻の老後の療養看護に最も献身的であった子に受益権を与えたいので、３人のうち誰に受益権を与えるかを決定する権限を受託者に与える。

◆ 受託者裁量機能を活用した信託の事例 [19]

> 受託者は３人の受益者Ａ・Ｂ・Ｃに信託不動産から得られる家賃収入の全額を毎年配分するが、Ａ・Ｂ・Ｃへ配分する割合は受託者の裁量によって決定する。

　以上のような信託を「裁量信託」と呼んでいます。裁量信託は、財産の引継ぎ者や財産の引継ぎの内容・金額などを受託者などの委託者以外の第三者の裁量に任せてしまう信託です [20]。

　裁量信託は、将来の事情や環境の変化に応じて、柔軟かつ臨機応変に対応できる点で信託の活用のメリットといえます。

---

[17]　受益者に対する受益の内容を受託者の裁量に委ねる裁量信託については、信託法において明文の規定により認められているわけではない。しかし、新井誠『信託法』525頁では、「信託法は受託者に大幅な裁量権が存在することを前提として、それを規制するメカニズムを備えているのである。今後信託のこのような機能こそが活用されるべき」と述べられており、裁量信託は有効であることが前提と解釈できる記載がある。また、みずほ信託銀行＝堀総合法律事務所編『詳解信託判例—信託実務の観点から』44頁（金融財政事情研究会、2015）では、「裁量信託（discretionary trust）とは、受益者に対してする給付の内容・額を受託者の裁量に委ねる信託をいい、英米において承認されている形態であり、その有効性は、わが国の信託法上も認められている。」と明記している。

[18]　植田淳「わが国における裁量信託と指名権付き信託の活用—イギリス法を手がかりとして—」信託192号25頁（1997）の事例を参考にしている。

[19]　佐藤英明「収益留保型信託等について」租税研究733号152頁（2010）の事例を参考にしている。

[20]　みずほ信託銀行＝堀総合法律事務所編『詳解信託判例—信託実務の観点から』44頁

なお、上記２種類の裁量信託のように、財産の引継ぎ者の指定や財産の内容や金額を第三者の裁量に委ねる内容を遺言で実現することはできないという見解が一般的です[21]。一方、信託では、裁量信託として有効です。

◆ 遺言と信託の相違

	遺　　言	信　　託
第三者の裁量	通常認められない	認められる（裁量信託）

4　財産権の性状の転換機能

　信託の機能の中で、特に有用な機能としては、財産権の性状の転換機能[22]が挙げられます。財産に対する物権（所有権）を、その財産に対する債権（受益権）に転換する機能です。

　この機能により、財産そのものを分割することが非常に困難または不可能な場合にも、財産の所有権を信託の受益権に転換することによって、実質的に財産そのものを分割したのと同様の効果をあげることができるようになります[23]。

（ア）財産の分割の手続き面の容易性

　　例えば、一つの不動産を２人に均等に分割したい場合、信託による財産権の性状の転換機能を活用すると、実物の不動産を２人に均等に

---

[21]　ただし、財産の引継ぎ者（受遺者）の指定を遺言執行者に委ねる遺言は認められるとした判例（平成５年１月19日最高裁判決）がある。この判例によると、財産の引継ぎ者の指定は遺言によってはできないとは言い切れないとも思える。ただし、この判例の事例は、遺言執行者による権限の濫用の余地がない内容の遺言であったという事情を考慮した特別な事例であると考えられ、一般論としては、財産の引継ぎ者の指定を遺言執行者等の第三者に委ねることは遺言によってはできないと考えるべきであろう。

[22]　四宮和夫『信託法〔新版〕』29頁（有斐閣、1989）

[23]　時友聡朗「信託を利用した資産流動化・証券化に関する一考察」信託法研究19号４頁（1995）

分割するのに比べ、分割が容易になるでしょう。

　信託を活用せずに実物の不動産を2人に均等に分割する場合、分筆をすることが考えられますが、手続き面で煩雑です。分筆では通常、測量や隣地との境界確認といった手続きが必要になるからです。

　一方、不動産の信託をする際、通常は測量や境界確認といった手続きは必要とされません。不動産を2人に均等に分割する場合、信託した不動産に関する受益権を2分の1ずつ分割すれば、不動産そのものを分割したのと同様の効果が生じます。

◆ 不動産の分割

	実物の不動産の分割	信託した不動産の分割
測量や隣地との境界確認などの手続き	必要	不要

（イ）財産の分割のコスト面の優位性

　上記のように一つの不動産を2人に均等に分割したい場合、持ち分を2分の1ずつとする共有登記をする方法もあります。

　この場合は、分筆と異なり、測量や境界確認等は必ずしも必要ではありません。しかし、共有登記の場合、登記を受けた人に不動産取得税と登録免許税などのコストが発生します。

　一方、不動産の信託を活用する場合、受益権を2分の1ずつに分割することで、共有登記と同様の効果がありますが、不動産取得税は発生しません。受益権を分割すること自体は不動産の分割ではなく、不動産を取得するわけではないからです。

　ただし、受益権を分割することにより受益者の変更登記が必要であるため、登録免許税が発生します。とはいえ、実物不動産の共有と比較すれば、そのコストは低く抑えることができます。受益者の変更登記の場合、登録免許税は不動産1個あたり1,000円で済むからです。

　以上のように、実物の財産を分割しようとする場合、信託を活用すれば手続き面の煩雑さはなく、コストも低く抑えることができます。

◆ 不動産の分割

	実物不動産の分割	信託
コスト	不動産取得税と登録免許税などが課税される	・不動産取得税は課税されない ・登録免許税は1個あたり1,000円

（ウ）受益権の複層化

　信託を活用する場合、上記のように受益権を量的に分割する（＝○分の○ずつ分割する）ことだけでなく、経済的に異なった性質を有する数種の受益権を発生させることもできます。

　例えば、アパートなどの収益不動産を信託することにより、所有権を受益権に転換したうえで、その受益権を賃貸収入を得る権利（収益受益権）と、信託終了後に信託財産そのものを得る権利（元本受益権）に分割することが、典型的な経済的に異なった性質を有する数種の受益権に分割する事例です。

　このように、信託の受益権を収益受益権と元本受益権に分割することを、「受益権の量的分割」に対比させて、「受益権の質的分割」または「受益権の複層化」と呼びます[24]。

◆ 受益権の複層化

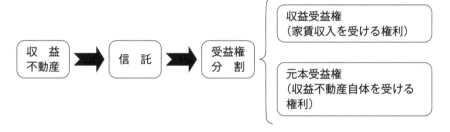

24　時友聡朗「信託を利用した資産流動化・証券化に関する一考察」4頁

（エ）受益権の複層化の事例

　受益権を複層化した信託を活用する一つの事例として、次のような悩みに対する解決手段が考えられます。

◆ Ａさんの悩み

> 　Ａさんは、高齢になり、相続の問題を考えるようになりました。
> 　Ａさんは、その保有する自宅兼アパートを長男に引き継ぎたいと考えています。
> 　しかし、一方で、次男に引き継ぐ財産があまりないので、相続の際、財産の配分についてバランスが悪くなることが大きな問題です。
> 　Ａさんの家族構成や保有資産等は以下のとおりです。

家族構成	長男と次男（配偶者は既に死亡）
保有資産	・自宅兼アパート 1 棟（時価 5,000 万円） ・預貯金 2,000 万円
収　　入	アパートの家賃（500 万円／年間）

　上記のようなＡさんの悩みに対しては、受益権を複層化した信託を活用することで解決する方法があります。信託の内容は、受託者を長男として、Ａさんが保有する自宅兼アパートを遺言により信託します。遺言により信託を設定するということは、Ａさんの相続発生により信託を開始するということです。そして、アパートから生じる家賃収入を得る権利（＝収益受益権）を次男に与えます。また、信託が終了したら信託財産自体（元本）を受け取る権利（＝元本受益権）を長男に与えます。なお、信託期間は 10 年とします。

◆ 受益権の複層化を活用した信託による解決

Aさんの死亡後に以下の内容の信託を遺言で設定する。

信託財産	自宅兼アパート
委託者	Aさん
受託者	長男
収益受益者	次男
元本受益者	長男
信託期間	10年

　上記のような受益権を複層化した信託を活用することにより、信託設定から終了までの10年間に収益受益者である次男が受け取る家賃収入の総額は「500万円×10年＝5,000万円」となります。一方、長男は元本受益者であるため、10年後の信託終了時に自宅兼アパートを取得できます。すなわち、自宅兼アパートの時価が変わらなければ5,000万円の財産を取得します。これにより計算上、長男と次男のバランスが取れます。

◆ 受益権の複層化を活用した信託による効果

次男（収益受益者）

長男（元本受益者）

信託設定から終了までに次男が 受け取る家賃収入の総額 500万円　×　10年 ＝5,000万円	＝	信託終了時に長男が 受け取る財産の総額 自宅兼アパート1棟 ＝5,000万円

7 民事信託のデメリット

仕組み

　ここまで信託のメリットについて説明してきましたが、信託にはデメリットもあります。

　まず、信託で実現できることには限界があります。そのため、成年後見制度でなければできないこと（**1**）や遺言でなければできないこと（**2**）も存在します。

　また、民事信託に関する専門家が少ないこと（**3**）、費用が多くかかること（**4**）なども挙げられます。

1 身上監護が必要な場合、成年後見制度の別途利用が必要

　信託を引き受ける受託者には、「身上監護」を行う権限がありません。身上監護とは、成年後見制度において後見人が行う、被後見人の施設等への入退所の手続きや契約、被後見人の治療や入院の手続きなどのことです。

　信託はあくまでも委託者の財産の管理・運用を行う制度であり、受託者は身上監護を行う権限を有していません。したがって、身上監護が必要になった場合、別途、成年後見制度を利用する必要があります。

2 遺言でないとできないことがある

　子の認知などの身分行為については、遺言では実行できますが、信託ではできません。信託はあくまで財産の管理・運用を行う制度であり、身分上の行為はできないのです。

3 　民事信託に関する専門家が少ない

　信託制度は、知識のない人にとっては難しいものです。正しく信託を実行するには、どうしても専門家の力が必要です。

　しかし、弁護士、税理士などの専門家でも、信託について深く勉強しているという人は限られているのが現状です。

　筆者は実際に、弁護士等の法律の専門家が、実務・税務上問題のある助言をしている例を何度か目にしています。このような現状において、信託について知識のない人が民事信託を使いこなすことは困難であるといわざるを得ません。

（ア）信託を活用した節税における専門家の対応

　民事信託を扱う専門家が、節税のために民事信託の活用をすることは避けるようにアドバイスしている例を多く見受けます。信託を活用した節税は、信託の活用方法の選択肢から除外すべきというアドバイスです。

　例えば、受益権を複層化した信託の「節税」効果を違法行為である「脱税」と同等とみなして、信託を活用した節税を牽制している専門家のウェブサイトもあります。

　しかし、「節税」と「脱税」は全く違うものです。脱税は違法行為ですが、節税は違法でも不当な行為でもありません。このようなウェブサイトは節税と脱税を混同して使用しており、用語の意味を誤って使用しています。

　このようなウェブサイトの記載は、信託を活用した節税行為は悪いことであるという印象を与えます。節税は不当な行為ではないので、決して悪いことではありません。「信託を活用した節税は悪」という印象が先行すれば、民事信託の活用を検討している人の選択肢を狭める可能性があり、その点が大きな問題だと考えます[25]。

（イ）税務リスクに対する専門家のあるべき対応方法

　現状では、国税庁などから、信託に関する税務上の取扱いが明確に示されていない部分は多くあります。そのため、信託に関する税務リスクを恐れる専門家は多数存在します。

　特に、税務に関する正確な知識を持ち合わせていないと、明確な根拠もなく過度に税務リスクを恐れることになります。そうすると、「避けておけば無難だ」というアドバイスになりがちです。つまり、専門家がはじめから選択肢として除外してしまうことになります。このような姿勢は、専門家としての使命を十分に果たしていないといえます。

　あるべき専門家の対応とは、信託の活用方法について広く選択肢を示したうえで、その選択肢の税務上のメリットとデメリットを明確に示し、かつ、それに対する専門家としての明確な根拠のある見解を示すことではないでしょうか。

　そのような専門家のアドバイスを経たうえで、信託の活用を検討している人自身が、その活用方法を決定できるようになることを望みます。

4　費用が多くかかる

　信託は、専門家であれば誰でも対応できるというものではありません。法務・税務・実務のすべてに関しての専門知識が必要です。したがって、そのような知識がある専門家への報酬は、通常の遺言や成年後見などの手続きに比べ高額であることが一般的です。

　これを安く済ませようとすれば、不備がある信託となり、将来思わぬトラブルが発生する可能性が高まります。そのようなトラブルが発生すれば、それを解決する費用はさらに高額となるでしょう。したがって、専門家への報酬は必要経費と割り切るしかないところです。

25　高橋倫彦編著『受益権複層化信託の法務と税務』82頁では、「専門家の先生方が信託の仕組みを十分理解し、その税務の取扱いを過度に恐れることなく、その適切な利用を行うことが望まれる。」と述べている。

5 デメリットへの考え方

以上❶〜❹のようなデメリットがあるからといって、信託を活用すべきではない、ということにはなりません。デメリットをカバーする手段を講じれば良いのです。

まず、❶の身上監護ができないというデメリットについては、それほど問題があるとは思えません。

そもそも身上監護とは、主に被後見人の施設等への入退所の手続きや契約、被後見人の治療や入院の手続きです。例えば、意思能力が乏しい被後見人になるべき人が治療や入院をするとき、「これらの手続は成年後見人でなければ受け付けません」という施設や病院はほとんどないと思われます。

したがって実際には、信託で身上監護が実行できないからといって困ることは少ないといえるでしょう。

❷の子の認知などの身分行為はできないというデメリットについては、そのような必要があれば、信託を設定すると同時に遺言を作成しておくと良いでしょう。

❸の民事信託に関する専門家が少ない点、❹の費用が高額である点については、残念ながら対応手段がありません。

むしろ、専門家を見つけるのが大変でもその手間を省くべきではありませんし、高額な費用も必要経費と考えることが大切です。

第2章

信託課税（基本編）

信託課税の全体像

　信託課税の基本について理解をするために、信託課税の全体像を俯瞰します。

　信託課税は、税法上の信託の種類ごとに課税方法が異なります。税法上の信託の種類は大別して、**❶受益者等課税信託**、**❷法人課税信託**、**❸集団投資信託**の3つに分類されます[1]。

1 受益者等課税信託

　受益者等課税信託とは、実際に利益を享受する受益者を納税義務者として、所得税については、所得発生時点で課税する信託です[2]。

　この信託の類型は、不動産や動産の管理等を目的とした一般的な信託を対象としています。

2 法人課税信託

　法人課税信託とは、実質的には信託財産自体を法人とみなして、信託財産自体に課税する信託です。とはいえ、信託財産自体には法人格が認められておらず、納税義務者となり得ないので、代わりに受託者を納税義務者とし、所得発生時点で受託者に法人税を課税します。

---

[1]　この分類は、小林磨寿美編『最近の難解税制のポイントと実務の落とし穴』203頁の記載を基としたが、①受益者等課税信託、②法人課税信託、③集団投資信託、④退職年金等信託、⑤特定公益信託の5つの信託に分類することが税法に従ったより正確な分類である（金子宏『租税法』557頁）。しかし、民事信託を中心とした理解のためには、本文に記載した3つの分類を理解していれば十分である。

[2]　小林磨寿美編『最近の難解税制のポイントと実務の落とし穴』205頁

この信託の類型は、2種類の信託を対象としています。一つは、受益者が不存在または不特定である信託です。もう一つは、法人が委託者となる信託で一定のもの[3]である信託です[4]。

3 集団投資信託

集団投資信託とは、証券投資信託をはじめとする資産の運用などのための信託について、受益者を納税義務者として、所得税については、所得の発生時点ではなく、実際に所得を受領した時点で課税する信託です[5]。

投資信託や退職年金等信託などを対象としています。

◆ 信託課税の全体像

	受益者等課税信託	法人課税信託	集団投資信託
納税義務者	受益者	受託者	受益者
課税時期	発生時	発生時	受領時
所得の課税区分	所得税	法人税	所得税

以上の3つの税法上の信託の種類のうち、民事信託において活用されるのは受益者等課税信託が中心です。ただし、法人課税信託についても民事信託において関係する場合があります。そこで以下では、受益者等課税信託と法人課税信託について詳解します（集団投資信託は割愛します）。

3　法人が委託者となる信託で一定のものとは、次に掲げるものである。
　　・事業の重要部分の信託で委託者の株主等を受益者とするもの
　　・長期（信託存続期間20年超）の自己信託等
　　・損益の分配割合の変更が可能である自己信託等
4　小林磨寿美編『最近の難解税制のポイントと実務の落とし穴』205頁
5　小林磨寿美編『最近の難解税制のポイントと実務の落とし穴』205頁

受益者等課税信託

　信託では、信託財産の名義を受託者に移転します。この形式だけを見た場合、委託者から受託者へ財産が贈与されたのと同じことになるので、受託者に贈与税が課税されると考えてもおかしくありません。

　しかし実際には、受託者に贈与税は課税されません。

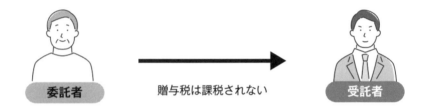

　また、財産から収益が発生する場合、通常は財産の所有者（名義人）に所得税が課税されます。したがって、信託の形式だけを見た場合、信託財産の所有者は受託者であるため、信託財産から収益が発生する場合は、受託者に所得税が課税されると考えてもおかしくないところです。

　しかしここでも、受託者に所得税は課税されません。

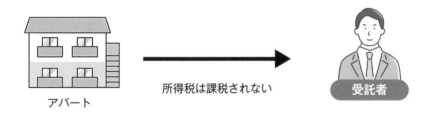

　ではなぜ、受託者に贈与税や所得税が課税されないのでしょうか。結論からいえば、信託では、委託された信託財産の名義人は受託者になりますが、実際に利益を受けるのは受益者であるからです。

　受託者は、たとえ財産の名義人であっても、それは信託財産の管理や

運用の利便性を考慮した形式的な名義であって、その財産から利益を受ける権利はありません。利益を受けない受託者が税金だけを負担するのはおかしな話です。このような理由から、その財産から実際に利益を受ける権利がある受益者に各種の税金が課されます。

　まず、信託開始時（信託の効力が生じた場合）に適正な対価を負担せずに受益者となった場合、その受益者に贈与税（委託者の死亡に基因して当該信託の効力が生じた場合には相続税）が課税されます（相続税法9条の2第1項）。

　次に、信託期間中においては、信託の受益者としての権利を現に有する者が、当該信託の信託財産に属する資産および負債を有するものとみなし、かつ、当該信託財産に帰せられる収益および費用を当該受益者の収益および費用とみなして、所得税（受益者が法人の場合は法人税）が課税されます[6]（所得税法13条1項本文、法人税法12条1項本文）。

　このような課税上の取扱いを「**受益者課税の原則**」といいます。この考え方が信託における税務の基本です。

◆ **受益者課税の原則**

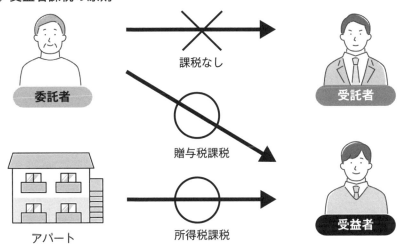

委託者　課税なし　受託者

贈与税課税

アパート　所得税課税　受益者

6　谷口勢津夫『税法基本講義』248頁

3 民事信託における受益者等課税信託（自益信託）

課税（基本）

　民事信託では、委託者の生前は、まず「委託者＝受益者」とする「自益信託」のケースが多いものです。高齢者になった親が、自分が認知症になった場合に備えて財産管理を家族に任せるようなケースです。このようなケースでは「受託者＝家族、委託者兼受益者＝親」という自益信託の形式で信託をします。

　自益信託の場合も信託財産の名義は受託者に変わりますが、この名義変更は形式的なものと考えられます。この考え方から、信託財産は引き続き委託者兼受益者のものとみなす（所得税法13条1項本文、法人税法12条1項本文）ので、財産の移転は何もないことになります。したがって、受託者に所有権を移転しても受託者に贈与税は課税されませんので、贈与税の課税を避けるために民事信託では、「自益信託」のケースが多くなっています。

　また、上記のとおり自益信託の場合、財産の移転等が行われないと考えることから、信託設定後における信託財産から生じる収益に関する所得税の取扱いは、信託をする前と何ら変化はありません。つまり、委託者が引き続き財産を所有しているのと同じであるため、委託者兼受益者に所得税が課税されます。

委託者兼受益者

贈与税は課税されない
信託の前後で課税関係同じ

受託者

なお、受益者が変更された場合や信託が終了した場合における課税関係は、次のとおりです。

1 受益者が変更された場合

受益者の変更により、新たな受益者が適正な対価を負担せずに受益権を取得した際には、受益者間の贈与（または遺贈）があったものとして贈与税（または相続税）が課税されます（相続税法9条の2第2項、3項）。

2 信託が終了した場合

信託が終了し、信託財産の帰属権利者が終了直前の受益者から適正な対価を負担せずに残余の信託財産を取得した場合は、帰属権利者に贈与（または遺贈）があったものとして贈与税（または相続税）が課税されます（相続税法9条の2第4項）。

4 受益者等課税信託の注意点 （課税のタイミングと裁量信託）

課税（基本）

受益者等課税信託において注意すべきは、受益者に課税される所得税や贈与税の課税のタイミングです。

1 課税のタイミング

所得税の課税のタイミングは、信託財産からの**収益の発生時点**であって、受益者が収益を実際に受領した時点ではありません。

贈与税の課税のタイミングは、**信託の効力発生時点**（＝通常は信託契約締結時）であって、受益者が実際に信託財産の交付を受けた時点ではありません。

◆ 受益者等課税信託の課税のタイミング

税　目	課税のタイミング	留意点
所得税	信託財産からの収益の発生時点	収益を実際に受領した時点ではない
贈与税	信託の効力発生時点（通常、信託契約締結時）	受益者が実際に信託財産の交付を受けた時点ではない

2 裁量信託における課税

課税のタイミングが特に問題となるのが、「裁量信託」を設定した場合です。裁量信託とは、受益者の選定を受託者などの委託者以外の第三者に委ねる信託や受益者に対する信託財産の給付・引渡しの内容・金額を受託者などの委託者以外の第三者の裁量に委ねる信託のことです（第1章[6][3]参照）。

例として、次のような裁量信託の各事例のおける課税の取扱いを考えます。

◆ 裁量信託の事例1

　Xさんは、家賃収入がある不動産（アパート1棟）を信託し、長男を受益者とした。ただし、長男は浪費癖があるので、家賃収入を長男に渡す時期・金額は受託者Yの裁量に委ねる信託の内容とした。

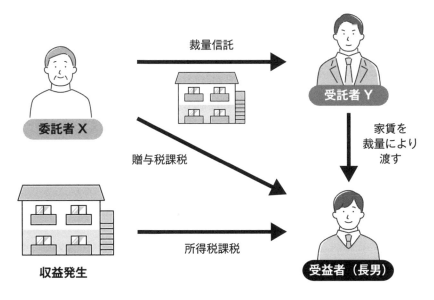

この事例における課税の取扱いは、次のとおりです。

（ア）所得税

　この事例では、家賃収入を長男に渡す時期・金額は受託者Yの裁量に委ねる信託の内容であるため、家賃収入が発生した時点では受託者

Ｙの手元に家賃収入が留まり、長男に家賃収入が交付されない場合も
あり得ます。しかし、所得税は、長男が受託者Ｙから実際に家賃を受
領したか否かに関わりなく課税されます[7]。つまり、信託財産である
不動産（アパート１棟）から生じる家賃に対して、その家賃が発生し
た時点で長男に所得税が課税されます。

（イ）贈与税

信託契約時において、信託財産である不動産（アパート１棟）がＸ
さんから長男へ贈与されたものとして、長男に贈与税が課税されま
す。贈与税は、信託財産である不動産（アパート１棟）の相続税評価
額に対して課税されます。

4 裁量信託の事例２

◆ 裁量信託の事例２

Ｘさんは、金銭1,000万円を信託し、長男を受益者とした。た
だし、長男は浪費癖があるので、信託財産である金銭1,000万円
を長男に渡す時期・金額は受託者Ｙの裁量に委ねることとし、長男
へ渡す金額の上限を「110万円／年間」とする信託の内容とした。

---

[7] 収益の発生時に課税し、受益者の受領時に課税する取扱いとなっていない点に
ついては批判がある。例えば、村井正『租税法と私法』349頁（大蔵省印刷局、
1982）では、「受益者（受贈者、みなし受贈者）が信託財産について自由に使用
収益できるのは、実際には、信託財産の交付時以降である。現実の受益享受時は
その交付以降の時点であるにもかかわらず、設置時に課税するのは、必ずしも合
理性があるとはいえないだろう。」と述べている。
　　しかし、信託していない場合の課税は、収益の発生時に課税することから、信
託をしている場合のみ受益者の受領時に課税するのは、かえって合理性がないと
も考えられる。また、所得税法13条では、「信託財産に帰せられる収益及び費用
は当該受益者の収益及び費用とみな（す）」と規定する。この文言からは、信託
財産から生じる収益の発生時に課税すると解釈することが自然であると考える。

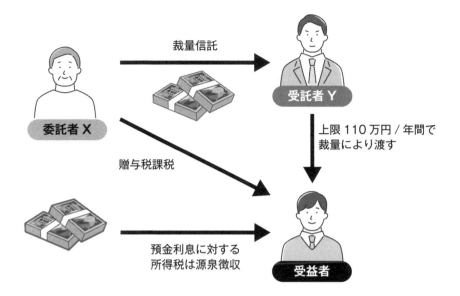

この事例における課税の取扱いは、次のとおりです。

（ア）所得税

　信託財産は金銭であるため、金銭の運用によって収益を得ることがなければ、所得税は課税されません。

　例えば、金銭の信託を引き受けた受託者Yが当該金銭を普通預金へ入金し管理しているだけならば、所得税の申告は必要ありません[8]。

（イ）贈与税

　信託契約時において、信託財産である金銭1,000万円が長男に贈与されたものとして、その金銭全額に贈与税が課税されます。長男が実際に受領する時にその受領する金額のみに贈与税が課税されるわけではありません。

　つまり、この事例の信託契約の内容により、長男が受領する金額は

---

[8] ただし、普通預金に入金されていれば、預金の利息収入があるはずであるから、その利息収入については、源泉税が差し引かれるので、実際には所得税は課税されている。あくまでも、所得税の申告が必要ないということである。

「110万円／年間」が上限であるから、年間110万円までの贈与については非課税の取扱いがなされる暦年贈与であるとして、贈与税が課税されないというわけではありません。誤解しやすい点であり、注意を要します。

5 裁量信託の事例3

◆ 裁量信託の事例3[9]

> Xさんは、家賃収入がある不動産（アパート1棟）を受託者Yへ信託し、受益者を子A・B・Cの3人とした。
> また、受託者Yは、3人の受益者A・B・Cに信託不動産から得られる家賃収入の全額を毎年配分するが、A・B・Cへ配分する割合は受託者の裁量によって決定する信託の内容とした。

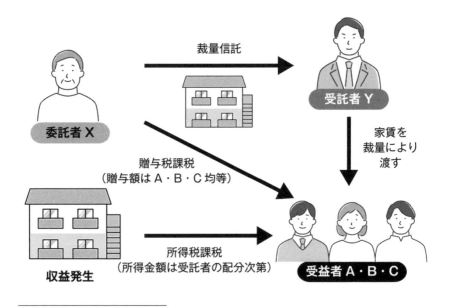

9 佐藤英明「収益留保型信託等について」租税研究733号152頁（2010）の事例を参考にしている。

この事例における課税の取扱いは、次のとおりです。

（ア）所得税

　信託財産である不動産（アパート１棟）から生じる家賃収入に対しては、家賃収入が発生した時点で子Ａ・Ｂ・Ｃに所得税が課税されます。この事例では、Ａ・Ｂ・Ｃへ配分する割合は毎年受託者の裁量によって決定する内容ですから、Ａ・Ｂ・Ｃへの所得税の課税は配分された金額にしたがいます。

（イ）贈与税

　この事例の場合の贈与税の課税は問題が生じます。Ａ・Ｂ・Ｃの各人が取得する受益権の評価額の算出が困難（または不可能）であるからです。

　受益権の評価額は、信託財産の評価額を基準として、信託財産から生じる家賃収入のうち、Ａ・Ｂ・Ｃの各人が受け取る家賃収入の割合によって評価することが合理的です。

　しかし、この事例では、信託財産から生じる家賃の配分割合が受託者の裁量によって決定される内容の信託であるため、信託契約時にはＡ・Ｂ・Ｃが受け取る家賃収入の割合は未確定です。したがって、Ａ・Ｂ・Ｃが取得する家賃の割合により受益権の評価額を算出することは困難（または不可能）となります。そのため、信託設定時に受益者に対して贈与税を課税する取扱いでは、裁量信託には対応できないとの見解もあります[10]。

　とはいえ、信託契約時が贈与税の課税のタイミングである以上、贈与税の申告をしないわけにはいきません。

　そこで、この事例のような裁量信託の受益権の評価については、Ａ・Ｂ・Ｃ３人の受益権の評価は等しいものとして贈与税の申告をするしかないと考えざるを得ないでしょう[11]。

10　佐藤英明『信託と課税』257 頁
11　佐藤英明『信託と課税』257 頁

このように申告しても、その申告は認められるものと考えられます。その申告を課税当局側が否定する根拠はないと考えられるからです。

5

課税（基本）

受益者等課税信託の注意点
（信託財産が不動産の場合）

　受益者等課税信託では、受託者に対して、所得税や贈与税は課税されません。ただし、信託財産が不動産の場合は、受託者に対して登録免許税と固定資産税は課税される点に注意が必要です。

1　登録免許税

　不動産を信託すると通常、委託者から受託者へ名義変更の登記（所有権移転登記）がなされます。この登記には登録免許税が課税されます。

　この登録免許税を支払う義務があるのは、登記等を受ける者です。よって、受託者に支払いの義務が生じます。

　ただし、信託財産の管理・運用上必要な費用は、信託財産から支払うことが許されている（信託法48条1項）ため、受託者は、信託財産から支払うのが通常です。これにより実質的には、受益者が支払っていることになります。

　なお、通常、売買や贈与による所有権移転登記では、「固定資産税評価額×2.0％」の登録免許税が課税されます[12]。一方で、信託による所有権移転登記の場合、土地は「固定資産税評価額×0.3％」[13]、建物は「固定資産税評価額×0.4％」となり、売買や贈与の場合の概ね5分の1の税額で済みます。

---

[12]　ただし、不動産の売買に関しては、令和5年3月31日までの間に登記を受ける場合の登録免許税は、固定資産税評価額×1.5％。

[13]　ただし、令和5年3月31日までの間に登記を受ける場合。

② 固定資産税

　信託をすると信託財産は受託者の名義になるため、信託財産が不動産である場合、固定資産税の支払通知書は受託者に届きます。つまり、固定資産税を支払う義務があるのは受託者です。

　ただし、信託財産の管理・運用上必要な費用は、信託財産から支払うことが許されている（信託法48条1項）ため、固定資産税も信託財産から支払うことが一般的です。これにより、固定資産税も実質的には、受益者が支払っていることになります。

③ 不動産取得税

　通常、売買や贈与により不動産の名義が変わる場合、新たな不動産の名義人に不動産取得税が課税されます。しかし、信託の場合、受託者への名義変更は形式的な名義変更に過ぎないという理由で、受託者に不動産取得税は課税されません。

　まとめると次のとおりです。

◆ 信託をする場合の名義変更に関する税負担

	信託の税負担
登録免許税	売買・贈与の概ね5分の1程度
固定資産税	売買・贈与と同じ
不動産取得税	不動産取得税は課税されない

6 受益者等課税信託の注意点 （受益者の範囲）

課税（基本）

受益者等課税信託において次に注意すべきは、受益者の範囲です。信託法上の受益者と税法上の受益者の範囲が異なるからです。

1 受益者としての権利を現に有する者

信託法上の受益者とは、原則として「受益権を有する者」です（信託法2条6項）。

一方、税法上の受益者とは、原則として「受益者としての権利を現に有するもの」です（所得税法13条1項、法人税法12条1項、相続税法9条の2第1項）。

税法においては、受益者を単に「受益権を有する者」とするのではなく、**受益権を「現に有する」者に限定しています。**単に受益権を有しているだけでは課税せず、実際に受益者が利益を受けることができるようになったときにはじめて課税する趣旨であると理解すれば良いでしょう。

例えば、信託契約において受益者と定められていたとしても、委託者の死亡により受益者となる者や委託者の死亡後に信託財産に係る給付を受ける旨が定められている受益者は、税法上の受益者ではありません。そのような受益者は、受益権を有していますが、委託者が死亡するまでは、実際に利益を受けることができないからです。

また、信託財産の帰属権利者も信託終了前においては、税法上の受益者ではありません（相続税法基本通達9の2-1）。帰属権利者は、信託終了前においては、信託財産の給付を受ける権利はないからです。ただし、信託契約において、残余財産受益者となっている者は、税法上の受

益者として扱われます[14]。信託法上、残余財産受益者は、信託期間中も受益者と扱われるからです。

　以上のように、信託法上の受益者は、基本的には税法上の受益者に該当しますが、税法上の受益者ではない受益者も存在します。したがって、税法上の受益者の範囲は、信託法の受益者の範囲より狭くなっています。

◆ 信託法上の受益者と税法上の受益者

信託法上の受益者	税法上の受益者に該当するか
委託者の死亡により受益者となる者 （委託者の死亡前）	非該当
委託者の死亡後に信託財産に係る給付を受ける旨が定められている受益者 （委託者の死亡前）	非該当
帰属権利者（信託終了前の期間）	非該当
残余財産受益者	該当

出典：笹島修平『信託を活用した新しい相続・贈与のすすめ』291頁の表を基に修正

2 みなし受益者（特定委託者）

　❶のとおり、税法上の「受益者」は、原則として、受益者としての権利を現に有するものに限られます。しかし、そのような者がいない場合には、信託の変更をする権限を現に有し、かつ、その信託の信託財産の給付を受けることとされている者を税法上の受益者とみなしてその者に課税します（所得税法13条2項、法人税法12条2項、相続税法9条の2第5項）。要するに、信託の変更の権限があり、かつ、信託から財産をもらえる可能性のある人は、実質的に受益者と同じであると考えて、

---

[14]　帰属権利者と残余財産受益者は、信託終了後に信託財産を取得する者という意味では同じ立場である。しかし、信託法上は、帰属権利者は信託終了まで受益者ではないとされるが、残余財産受益者は信託期間中も受益者とされる点で違いがある。

受益者とみなすということです。このように受益者とみなされる者を「みなし受益者」と呼びます（相続税法上は「特定委託者」）。

　信託は柔軟な制度であるので、その内容も様々なものが考えられます。例えば、信託の内容によっては、受益者として指定されていても受益者としての権限を有していない場合や、信託財産からの給付を受けない場合もあり得ます[15]。このような受益者への課税は、税金の支払能力がない者へ課税することになり、適切ではありません。

　一方、みなし受益者は、信託の変更をする権限を有し、かつ、信託財産からの給付を受ける者であるので、そのような者は税金の支払能力があると考えられます。そこで、本来の納税義務者となるべき信託法上の受益者に課税することが適切ではない場合に、そのような受益者に課税する代わりにみなし受益者に課税することを税法で定めたと考えられます。

◆ 受益者の範囲

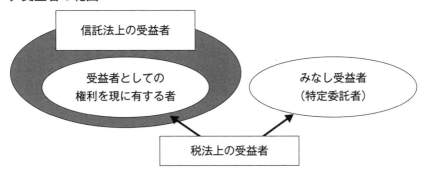

　なお、みなし受益者の具体例としては、次のような者が該当します。

◆ みなし受益者の具体例

（ア）次の場合の委託者（信託の変更権限を現に有している場合に限る）[16]

---

[15]　喜多綾子「『受益者等が存しない信託』の課税と受益者等の意義－目的信託を中心として－」立命館法学 318 号（2008）668 頁

- ・委託者が信託行為の定めにより帰属権利者として指定されている場合
- ・信託行為に残余財産受益者又は帰属権利者の指定に関する定めがない場合
- ・残余財産受益者又は帰属権利者のすべてがその権利を放棄した場合
- （イ）停止条件が付された信託財産の給付を受ける権利を有する者で、信託の変更権限を有する者

　上記のとおり、みなし受益者としては、主に委託者が想定されています。しかし、（イ）の場合は、受託者もみなし受益者となる可能性がある点に留意する必要があります。受託者は基本的に信託の変更権限を有する者に該当するので、受託者が残余財産の帰属権利者であるような場合には、その実質をみて、受託者が税法上の受益者とみなされる可能性があります。

3 みなし受益者の規定が適用される事例

　❷で説明したみなし受益者の規定が適用される事例として、次のようなものが考えられます[17]。

◆ 事例

　Ｘさんは、不動産を管理する管理会社（同族会社）を受託者として不動産（賃貸アパート）を信託し、受益者を将来生まれてくる孫とした。また、信託の終了事由はＸさんの死亡としたが、実際に、Ｘさんが死亡し、信託が終了した際、まだ、孫は生まれていなかった。なお、信託契約終了時の帰属権者等も定めていなかった。

16　所得税基本通達 13 − 7・13 − 8、法人税基本通達 14 − 4 − 8。
17　笹島修平『信託を活用した新しい相続・贈与のすすめ』376 頁

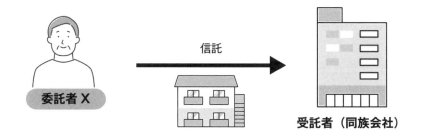

委託者 X　　　信託　　　受託者（同族会社）

◆ 信託契約の内容

信託財産	不動産（賃貸アパート）
委託者	X
受託者	同族会社
受益者	まだ生まれていない孫
信託の終了事由	Xの死亡
帰属権者等	指定なし

（※）Xの推定相続人は妻と子1人

　上記の信託契約では信託契約の時点では、受益者である孫は生まれていないため、受益者が存在しません。この場合、委託者であるXさんが受益者とみなされます。委託者は、原則として信託を変更する権限を有しており（信託法149条1項）、また、信託終了時の信託財産の帰属権利者および残余財産受益者の指定もされていないことから、委託者がみなし受益者とみなされる要件に当てはまるからです。

　委託者であるXさんがみなし受益者とみなされることにより、課税上は以下のように取り扱われます[18]。
　まず、信託設定時は「委託者＝受益者」となる自益信託と同様に扱われるため、課税関係は生じません。
　次に、信託期間中は、不動産（賃貸アパート）から生ずる不動産所得

18　笹島修平『信託を活用した新しい相続・贈与のすすめ』376-378頁

については、受益者とみなされるXさんに所得税が課税されます。実際にも受益者が存在しませんので、委託者Xさんが不動産所得を得ることになるでしょう。

　最後に、信託終了時は、信託の終了事由がXさんの死亡であるため、Xさんの相続人である妻と子に対して、信託財産が均等に相続されたものとして相続税が課税されます。このような取扱いとなる理由は、遺言信託ではない通常の信託の場合、信託契約に別段の定めがなければ、委託者の地位が相続人に承継されるため（信託法147条反対解釈）、Xさんの相続人が受益者であるとみなされるからです。

4 みなし受益者の規定が適用されない事例（受益者が存在しない信託）

　次のような事例である場合、みなし受益者の規定は適用されません。

◆ 事例

> 　Xさんは、不動産を管理する管理会社（同族会社）を受託者として不動産（賃貸アパート）を遺言により信託した（遺言信託）。受益者は、Xさんの孫としたが、信託契約時点でその孫はまだ生まれておらず、Xさんの死亡時（信託の効力発生時点）においてもまだ孫は生まれていなかった。
> また、信託財産の帰属権利者および残余財産受益者の指定もしなかった。
> なお、信託契約の変更の権限は、受託者に与えられていなかった。

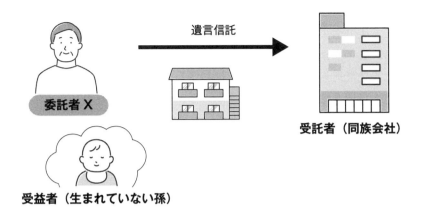

委託者Ｘ

受益者（生まれていない孫）

遺言信託

受託者（同族会社）

◆ 信託契約の内容等

信託財産	不動産（賃貸アパート）
委託者	Ｘ
受託者	同族会社
受益者	まだ生まれていない孫

（※）信託の形式は遺言信託
（※）Ｘの相続人は妻と子１人

　この事例の信託契約は、❸の事例とほぼ同内容です。違いは、遺言信託であるという点であり、信託契約締結の時点では、信託の効力が発生していない点です。

　また、受益者をまだ生まれていない孫に指定している点も同じであり、信託の効力発生時点（遺言信託であるためＸさんが死亡した時点）でもまだ孫が生まれていない場合、受益者が定まっていないという意味においても❸の事例と同じです。したがって、信託契約の効力が発生するＸさんの死亡時点でみなし受益者となるべき者が存在していれば、その者が税法上の受益者となります。

　そこで、信託契約の効力が発生する時点でみなし受益者となるべき者が存在するのか否かを確認してみます。

　上記の信託契約は、遺言信託であるので、委託者Ｘさんの死亡によ

り、委託者の地位は相続人に承継されません（信託法 147 条）。したがって、委託者の相続人である妻と子が受益者とみなされることはありません。この点が、上記❸の事例とは異なります。

　また、信託財産の帰属権利者等は指定しておらず、受託者に信託契約の変更の権限を与えていないことからも、受託者も受益者とみなされることはありません。

　したがって、上記の信託契約は、受益者もみなし受益者も存在しない信託となります。

　受益者としての権利を現に有する者が存在せず、かつ、みなし受益者も存在しない場合には、信託における税務の基本である受益者課税の原則が適用できません。そこで、受益者としての権利を現に有する者もみなし受益者も存在しない信託である場合には、受益者の代わりに受託者に課税する「法人課税信託」として、受託者に法人税が課税される取扱いとなります（詳しくは本章⑧で後述）。

7 受益者等課税信託の注意点
課税（基本）
（損失計上の制限）

　受益者等課税信託においては、信託から生ずる所得に対して損失を計上することに制限がある点も注意すべきです[19]。

　信託から生ずる所得に対して損失を計上する制限とは、発生時課税が適用される個人が受益者である場合、信託に係る不動産所得の損失は、その発生がなかったものとみなされる制限のことをいいます[20]。例えば、信託した不動産と、信託していない不動産を併用して持っている場合、信託した不動産において生じた損失と信託していない不動産において生じた所得とは損益通算ができないということです。

　また、複数の不動産を信託財産として、それぞれの不動産ごとに信託契約を締結している場合、信託ごとに計算を行うことから、複数の信託財産から生じる損益を合算して損益通算することもできません。

---

[19]　所得に対して損失を計上することに制限がある点は、個人が受益者である場合と法人が受益者である場合とで取扱いが異なるが、民事信託において法人が受益者である場合はほとんどないものと考えられるので、法人が受益者である場合の解説は割愛する。

[20]　国税庁「平成19年度信託税制の改正のあらまし」7頁
　　　https://www.nta.go.jp/publication/pamph/sonota/shintaku.pdf

◆ 個人が受益者である場合の不動産所得の損失の取扱い

信託財産
または信託財産 A

損益通算できない

信託財産以外
または信託財産 B

　信託から生ずる所得に対して損失を計上する制限は、不動産所得間の損益通算ができないだけでなく、他の種類の所得間の損益通算もできません。

　例えば、信託をしていない個人が不動産所得以外にも事業所得や株式の配当による配当所得などもある場合、かつ、不動産所得については損失があるときは、不動産所得の損失と事業所得および配当所得の間で損益通算ができます。

　ところが、不動産を信託している個人が事業所得や株式の配当による配当所得などもある場合で、かつ、信託をした不動産から生じる不動産所得について損失があるときは、信託から生じる不動産所得の損失と事業所得および配当所得の間で損益通算ができません。

　以上のように、同じ所得構成でありながら、信託から生じた所得に対しては、損益通算ができません[21]。

---

[21]　喜多綾子「信託課税における所得計算ルールの課題と理論的検討」立命館法学
　331 号 (2010) 775 頁

◆ 信託をしていない個人の場合

信託していない不動産

| 不動産所得
損失発生！ | ←損益通算できる→ | 事業所得
配当所得 |

◆ 信託をしている個人の場合

信託している不動産

| 不動産所得
損失発生！ | ←損益通算できない→ | 事業所得
配当所得 |

　ではなぜ、信託を活用する場合に損失を計上する制限をしたのでしょうか。

　その理由は、信託を活用した所得税の節税を防ぐためです。このような規制がないと、例えば、損失が生じる不動産を信託し、その信託の受益権を所得が高い個人が取得すれば、その受益権を取得した個人は、不動産事業への関与度合いなどは関係なく、受益権を持っているだけで他の所得と損益通算ができます。そうすると、損失が生じる不動産に対して信託を多数設定し、かつ、その信託の受益権を分割して、多数の個人がそのような受益権を取得することが横行し、不特定多数の個人の所得税の節税を可能としてしまいます。これを封じるために損失を計上する制限をしたと考えられます[22]。

22 喜多綾子「信託課税における所得計算ルールの課題と理論的検討」立命館法学
331号（2010）775-776頁では、次のように説明している。
　「この規定は、平成19年度改正により導入されたが、平成18年度より特定組
合員の不動産所得に係る損益通算の制限がされていたものに、信託を利用した不
動産所得についても損益通算の制限を付け加える形で改正された。特定組合員の
不動産所得に係る損益通算は、貸付の規模や業務への関与度合いに関係なくその
損失と他の所得との損益通算が可能とされている不動産所得の特質を利用した節
税を図る動きの顕在化に対応して、平成17年度税制改正において措置された。
このような節税スキームは、信託を利用することにより行うことが可能であるこ
とは従来より指摘されていたが、信託法の改正により多岐にわたる規定の整備が
行われ、信託の利用度合は大幅に拡大することが考えられることから、課税の中
立性・公平性を確保する観点から、信託から生じた不動産所得の損失についても
民法組合と同様の措置が講じられた。」

法人課税信託

　信託における課税は、受益者等に対して課税する受益者等課税信託として取り扱うことが原則です。ここで受益者等とは、受益者としての権利を現に有する者、および、みなし受益者のことです。

　しかし、受益者等が存在しない信託もあり得ます。例えば、まだ生まれていない孫を受益者として指定した遺言信託において、信託の効力発生時点（委託者の死亡時点）においても、まだ孫が生まれていない場合などです。このような信託では、信託課税の原則である受益者等に対する課税ができません。

　そこで、このような信託では例外的に、受託者を法人とみなして受託者に法人税を課税する取扱いとなります。このような信託を「法人課税信託」と呼びます。

◆ 法人課税信託

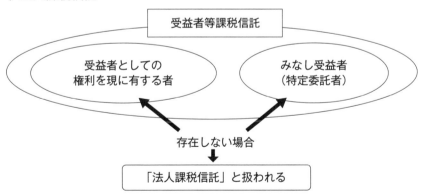

　なお、法人課税信託は、このように受益者が存在しない信託の類型だけでなく、受益者が特定できない信託[23]、受益証券発行信託、法人委託者信託なども該当します。とはいえ、民事信託においては、受益者が存

在しない信託または受益者が特定できない信託について理解しておけば良いため、それ以外の信託については割愛します。

民事信託における法人課税信託として、次のような事例が考えられます。

◆ 法人課税信託の事例

信託財産	不動産（賃貸アパート、評価額 1 億円）
委託者	父親
受託者	長男
受益者	まだ生まれていない孫（長男の子）

（※）信託の形式は遺言信託
（※）信託財産の帰属権利者および残余財産受益者は指定していない
（※）信託契約の変更の権限は、受託者には与えられていない
（※）相続人は妻と長男 1 人

上記のような事例では、父親が死亡した時に長男の子供（孫）がまだ生まれていなければ、受益者の存在しない信託となります。そうすると、**受託者である長男を法人とみなして法人税が課税**されます。

長男に対して課税される法人税は、信託財産の評価額に対して法人の受贈益として課税されます（法人税法 22 条 2 項）。すなわち、法人税の実効税率は約 30%[24] ですから、信託財産である不動産の評価額 1 億円に対して、約 3,000 万円の法人税等が課税されます[25]。

23　受益者が特定できない信託とは、例えば、「医師を目指している孫 3 人のうち、将来一番最初に医師の資格を取った者を受益者とする」といった内容の信託である場合で、かつ、孫 3 人のうちまだ誰も医師の資格を取った者がいない場合などが想定される。

24　財務省ホームページでは 29.74％と公表されている。
　　https://www.mof.go.jp/tax_policy/summary/corporation/c01.htm

25　仮に、委託者が法人であった場合には、受託者に対する寄付に該当するものとして、寄付金課税の対象となる（法人税法 37 条 1 項）。

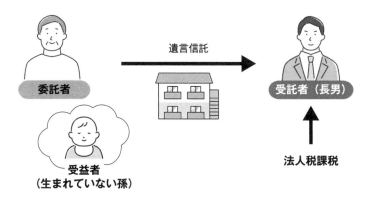

委託者

受益者
（生まれていない孫）

遺言信託

受託者（長男）

法人税課税

9 法人課税信託と譲渡所得税

課税(基本)

1 父親死亡時の課税

前記8に記載した事例では、法人課税信託の類型となっていましたが、受託者（長男）に対して信託財産である不動産が遺贈されたものと取り扱われます（相続税法9条の4第1項）。言い換えれば、父親から法人に対して信託財産である不動産が遺贈されたものと取り扱われます。

この場合、受託者（長男）に対して法人税が課税されることに加えて、父親に対して（ただし、父親は死亡しているので、その相続人に対して）譲渡所得税が課税される可能性があります。法人に対する贈与や法人に対する遺言等による遺贈の際は、所得税法59条1項により、その贈与者や遺言者等の相続人に対して譲渡所得税を課税する定めがあるからです。

例えば、父親が信託財産である不動産を30年前に、5,000万円で取得していたとすると、「不動産の評価額1億円 − 取得価額5,000万円 ＝ 5,000万円」に対して譲渡所得税が課税されます。不動産の譲渡所得税の税率は約20％（国税と地方税の合計の税率）ですから、「5,000万円 × 20％ ＝約1,000万円」の譲渡税が課税されます(所得税法59条1項)。

2 譲渡所得税が課税される理由

ところで、上記1のように、受託者（長男）に対して信託財産である不動産を譲渡したとみなされ、その譲渡益に対して所得税が課税される点については、次のような疑問がわくかも知れません。

譲渡代金を受け取っていないのに譲渡所得税が課税されるのは、所得がないのに課税されることになるのでは？

　この素朴な疑問に対しては、最高裁判所のある判決が回答になります。最高裁判所は、資産の譲渡とは「有償無償を問わず資産を移転させる一切の行為」[26] であると述べています。

　また、最高裁判所は、譲渡所得税の本質について、譲渡の対価を得た場合のその対価に課税することではなく、値上がり益のある資産の譲渡の時にその「値上がり益」に対して課税することであるとも述べています[27]。要するに、対価を得ていないとしても値上がり益のある資産を譲渡したら、譲渡所得税は課税されるということです。

　このように、譲渡の対価ではなく、資産の値上がり益に対して所得税が課税されると考えるのは、資産の値上がり益も所得であると考えるからです[28]。このような考え方を「包括的所得概念」[29] といいます。

　包括的所得概念では、収入を得ていなくても、税金を支払う能力（担税力）を増加させるものを所得と考えます。この考え方により、資産の値上がり益は、担税力を増加させるものであるので所得と考えることになります。そうすると、最高裁判所が値上がり益に対して課税することが譲渡所得税の本質であると述べているということは、包括的所得概念の考え方を最高裁判所が承認し、採用していると解されます。

　さらに最高裁判所は、譲渡所得税の本質とは、資産の譲渡によって所有者の手を離れるのを機会に、その資産の所有期間中の値上がり益を清算して課税するものあると述べています[30]。つまり、資産の値上がり益に対する課税は、有償であろうと無償であろうと、資産を譲渡した時を

26　昭和 50 年 5 月 27 日最高裁判決
27　昭和 43 年 10 月 31 日最高裁判決
28　金子宏『租税法』264 頁
29　金子宏『租税法』196 頁

機会として課税するものであるという考え方です。この考え方を「清算課税説」[31] といいます。

　以上の最高裁判所の判決（包括的所得概念および清算課税説）に従えば、法人への遺贈は、無償譲渡ではあるが、資産を譲渡したことには変わりがなく、その譲渡した資産に「値上がり益」あるのなら、譲渡を機会として、資産を譲渡した人の保有期間中の値上がり益に対して譲渡所得税が課税されるべきとの結論になります。

　したがって、法人への資産の譲渡があった際、対価（譲渡代金）を受け取っていなくても譲渡所得税が課税されるのは、所得がないのに課税されるわけではない、ということです。

③ 個人への無償譲渡の場合

　包括的所得概念および清算課税説に従えば、個人への贈与・相続などの資産の無償譲渡の場合も譲渡所得税が課税されるべきとの結論になります。

　しかし、贈与・相続などによる個人への無償譲渡の時点では課税をしません。ただし、課税しないといっても、譲渡所得税の課税を免除したわけではありません。贈与・相続の後に実際に資産を売却した場合など、有償譲渡をするまで課税を繰り延べしているだけです。

　贈与・相続などの個人への資産の無償譲渡の場合でも、包括的所得概念および清算課税説にしたがって譲渡所得税が課税されることが本来のあり方といえますが、特別に、課税の繰り延べを認めているということです。この取扱いは、収入を得ていない（キャッシュの流入がない）ところへ課税することに抵抗があることを考慮したものと思われます。

---

[30]　最高裁判所は、譲渡所得の本質について「資産の値上りによりその資産の取得者に帰属する増加益を所得として、その資産が所有者の支配を離れて他に移転するのを機会に、これを清算して課税する趣旨」と判示している（昭和43年10月31日最高裁判決）。また、金子宏『租税法』264頁。

[31]　佐藤英明『スタンダード所得税法』86頁。

ただし、税法上「課税を繰り延べする」と明記した規定ではありません。譲渡を受けた人が資産の譲渡をした人の取得費を引き継ぐという規定の仕方をしています（所得税法60条1項）。

この規定は、贈与・相続などによる資産の無償譲渡をした人の保有期間中の値上がり益とその資産の無償譲渡を受けた人の保有期間中の値上がり益について、無償譲渡を受けた人が実際に資産を売却（有償譲渡）した時に両者の保有期間中の値上がり益を併せて譲渡所得として課税するということを意味しています。

◆ 個人への資産の無償譲渡の場合

4　法人への無償譲渡の場合

一方、法人への譲渡の場合は、その資産の譲渡を受けた法人は、資産の譲渡をした人の取得費を引き継ぎません。法人は、資産の譲渡を受けた時の時価により資産を取得したものと取り扱います。これにより、法人が資産の無償譲渡を受けた時点で、時価により資産の売買があったものと同様の課税がなされます。

つまり、法人への譲渡の場合は個人とは異なり、実際に資産が有償譲渡されるまで資産の値上がり益に対する課税を繰り延べません。譲渡の時点で課税されます。このような取扱いは、法人への無償譲渡を機会として、資産を譲渡した人の保有期間中の値上がり益を清算して課税するという「清算課税説」に忠実に従った取扱いと考えられます。

したがって、無償の譲渡であっても譲渡税が課税されます（所得税法

59条1項)。このように課税することが、前記の包括的所得概念および清算課税説に忠実にしたがった譲渡所得税の課税のあり方といえます。

◆ 法人への資産の無償譲渡の場合

（取得時）　　　　　（法人への無償譲渡時）　　　　　　（売却時）

→ 取得価額は時価

では、上記のように、個人への譲渡と法人への譲渡とで課税上の取扱いが異なるのはなぜでしょうか。

その理由は、法人は個人と異なり相続などが発生せず、永遠に継続して存在することを前提としているからです。つまり、法人への無償譲渡の時を機会として清算して課税しないと、譲渡所得税を課税する機会が永遠に訪れない可能性もあり得るので、個人と異なり課税の繰り延べはしない取扱いをしていると理解すれば良いでしょう[32]。

32　佐藤英明『スタンダード所得税法』135-136頁では、「法人は『永遠に』存在するものと考えられるから、いったん法人に取得された資産の増加益に課税する機会は永遠にやってこないかもしれないことが懸念される。そうであれば、少なくとも、法人が取得する時までに発生した増加益は必ず課税しておくべきだということになる。」と説明している。

10 法人課税信託と相続税

法人課税信託の税務上の負担は、上記だけでは終わりません。

⑧に記載した事例では、父親から受託者（長男）に対して、受益権（信託財産である不動産）が相続されたとみなされて、受託者（長男）に対して相続税も課税されます（相続税法9条の4）。このような取扱いをする理由は、法人税と相続税の税率の差を利用した節税策を封じるためです。

つまり、相続税の税率は最高55%であるのに対して、法人税の実効税率は約30%であるため、相続による財産の移転を避けて、あえて法人課税信託を設定して節税することを想定し、そのような行為ができないようにしたのです[33]。

◆ 法人税と相続税の税率差

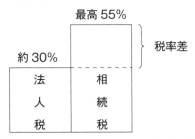

出典：小林磨寿美編『最近の難解税制のポイントと実務の落とし穴』216頁の図表を基に修正

なお、この取扱いが適用されるのは、信託の設定時点で受益者が存在しない信託において、信託設定後に受益者となる者が委託者の親族等である場合です[34]。

---

33 小林磨寿美編『最近の難解税制のポイントと実務の落とし穴』216頁

また、この取扱いが適用されると、法人税と相続税が二重に課税されることになります。そこで、受託者に課税される相続税から法人税が控除される（法人税の税額の方が相続税の税額よりも高い場合には、法人税から相続税の額が控除される）調整措置が規定されています（相続税法9条の4第4項、相続税法施行令1条の10第5項）。

　このように、受益者が存在しない信託において、法人課税信託が適用される場合で、かつ、受益者となる者が委託者の親族等であるときは、法人税か相続税のいずれか高い方の税率により、受託者に対して課税されます。

34　委託者の親族等とは、六親等内の血族、配偶者、三親等内の姻族のほか、信託の効力発生時点において、受益者等が存在しない場合には、これらの者が存在するものと仮定した場合の六親等内の血族、配偶者、三親等内の姻族をいう（相続税法施行令1条の9）。

法人課税信託と贈与税

　前記**8**の事例で、孫が生まれた時はさらなる課税があります。受託者（長男）から長男の子（孫）に対して、信託財産の贈与があったものとされ、孫に贈与税が課税されるというものです（相続税法９条の５）。

　このような取扱いがあるのは、世代飛ばしによる相続税の節税を防止するためです。まだ生まれていない孫を受益者とすれば、本来なら「親から子へ、子から孫へ」と２回の相続を経て財産が移転され、相続税も２回の課税があるべきところを、１回の相続税の課税で済ますことができるので、これを防止するための取扱いです。

　以上のように、法人課税信託に該当した場合、法人税、譲渡所得税、相続税、贈与税が課税される可能性があります。

　信託では、信託契約時にまだ生まれていない孫などを受益者とする信託をすることができます。しかし、そのような受益者が存在しない信託の契約をすることは、税務上の負担を考えると得策ではありません。これでは、せっかく便利で柔軟性に富む信託の制度があるにもかかわらず、税制が信託の活用を邪魔しているというものです。したがって、信託の税制が変わらない以上、受益者が存在しない信託の制度は事実上活用できないと考えるしかないでしょう。

◆ 法人課税信託の課税

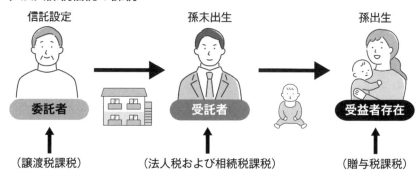

12 受益者連続型信託と相続税・贈与税

課税(基本)

「受益者連続型信託」とは、委託者によって設定された信託目的を長期間固定しつつ、信託財産を複数の受益者に連続して引き継ぐ信託です。以下で具体的な事例をもって、受益者連続型信託の相続税の取扱いを説明します。

1 課税上の取扱い

◆ 受益者連続型信託の事例A

最初は本人が第一受益者となり、本人死亡後は配偶者を第二受益者に、さらに配偶者の死亡時には子を第三受益者に指定する。

事例Aの場合、相続により受益権の異動があることから、相続税の課税対象になります。その際の取扱いは、相続税法9条の3および相続税法基本通達9の3－1に以下のとおり定められています。

◆ 相続税法9条の3

受益者連続型信託（略）に関する権利を受益者（略）が適正な対価を負担せずに取得した場合において、当該受益者連続型信託に関する権利（略）で当該受益者連続型信託の利益を受ける期間の制限その他の当該受益者連続型信託に関する権利の価値に作用する要因としての制約が付されているものについては、当該制約は、付されていないものとみなす。

◆ 相続税法基本通達９の３－１

> 　受益者連続型信託に関する権利の価額は、例えば、次の場合には、次に掲げる価額となることに留意する。
> （１）　受益者連続型信託に関する権利の全部を適正な対価を負担せず取得した場合　信託財産の全部の価額
> （略）

　この取扱いを事例Ａに当てはめると、次のとおりです。

　受益者連続型信託の場合、夫の死亡時には、夫から１次受益者である妻が信託財産のすべてを取得したものとして相続税が課税されます。次に、妻の死亡時にも、妻から２次受益者である子が信託財産のすべてを取得したものとして、相続税が課税されます（相続税法９条の３）。

◆ 受益者連続型信託の事例Ａ

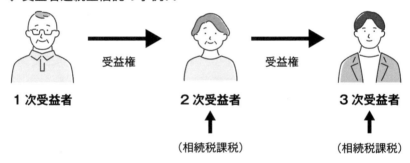

	受益権		受益権	
１次受益者		**２次受益者**		**３次受益者**
		↑		↑
		（相続税課税）		（相続税課税）

　なお、受益者連続型信託において、次の事例Ｂのような場合は、相続税ではなく贈与税が課税されます。

◆ 受益者連続型信託の事例Ｂ

> 　最初は本人が１次受益者となり、信託設定後10年経過したら配偶者を２次受益者に、さらに10年経過したら子を３次受益者に指定する。

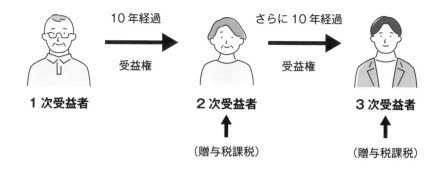

2 受益者連続型信託の受益権の評価は妥当なのか

　上記のように、受益者連続型信託の相続税・贈与税における受益権の評価については、相続税法9条の3により、1次受益者や2次受益者が取得する受益権は、信託財産に対する完全な所有権を取得したものと同等の権利があるものとして評価されます。

　しかし、**事例A**の1次受益者や2次受益者が取得する受益権は、死亡により次の受益者に引き渡さなければならない制限付きの受益権です。これは、生前に受益権を自由に処分できないという制限が付されていると考えられます。

　また、**事例B**の1次受益者や2次受益者が取得する受益権は、10年間のみ信託財産から生じる利益を得ることができる権利です。さらに、この受益権は、次の受益者へ引継ぎしなければならないので、受益権を自由に処分できないという制限が付されていると考えられます。

　したがって、両事例の1次受益者や2次受益者が取得する受益権は、「権利の価値に作用する要因としての制約が付されている」受益権です。そのような制限がない完全な所有権とは明らかに性質が異なる権利です。

　そうすると、「当該制約は、付されていないものとみなす」という相続税法9条の3の規定は、合理性がない規定といえるのではないでしょうか[35]。

　この点を検討する素材となる事例として、平成29年2月28日最高裁

判決（判例タイムズ 1436 号 79 頁）があります。この事例で最高裁は、「時価とは、課税時期である被相続人の死亡時における当該財産の客観的交換価値をいうものと解される。」としたうえで、「所有者が自己の意思によって自由に使用、収益又は処分をすることに制約が存在することにより、その客観的交換価値が低下する場合」、そのような制約のない財産に比較し「相続税に係る財産の評価において減額されるべき」と判示しています[36]。

　この判例の理論からは、**事例A**や**事例B**における 1 次受益者や 2 次受益者が取得する受益権の評価は、信託財産に関する完全な所有権の評価に比較し、相続税に係る財産の評価において減額されるべきとの結論になるでしょう。

　以上により、現状における受益者連続型信託に関する受益権の評価は、受益権の客観的交換価値（時価）より高い評価額であるといえます。したがって、受益者連続型信託の活用は、課税上は不利なものになっていると考えられます。

---

[35]　渋谷雅弘「受益者連続型信託等について」『信託税制の体系的研究―制度と解釈―』日税研論集第 62 号 221 頁（2011）では、「受益者連続型信託に関する権利が、権利の価値に作用する要因としての制約が付されていないという前提で評価された価額……により取引されることはありそうにない」との記載がある。

[36]　この事例は、信託受益権の評価について争われたわけではないが、財産の所有者がその使用・収益等について制限が付された財産に関する評価が争われた事例である。共同相続人である上告人らが、相続財産である土地の一部につき、財産評価基本通達の 24 に定める私道の用に供されている宅地として相続税の申告をしたところ、相模原税務署長から、これを貸家建付地として評価すべきであるとしてそれぞれ更正処分および過少申告加算税賦課決定処分を受けたため、被上告人を相手に、本件各処分の取消しを求めた。判旨では「時価とは、課税時期である被相続人の死亡時における当該財産の客観的交換価値をいうものと解される。そして、私道の用に供されている宅地については、それが第三者の通行の用に供され、所有者が自己の意思によって自由に使用、収益又は処分をすることに制約が存在することにより、その客観的交換価値が低下する場合に、そのような制約のない宅地と比較して、相続税に係る財産の評価において減額されるべきものということができる」と判示している。

第3章

信託課税（応用編）

受益権が複層化された場合の相続税・贈与税

1　受益権の複層化とは

　例えば、土地・建物などの不動産を所有している場合、その不動産から発生する収益（地代や家賃など。以下同じ）は、不動産の所有者が得ます。

　しかし、不動産を信託した場合は異なります。信託の場合、法律上の不動産の所有者は受託者ですが、その不動産から発生する収益を受託者は取得しません。不動産から発生する収益を受ける権利は、信託の受益権を保有している受益者が取得します。受託者が持っている所有権は、形式的に名義を移転しているだけと考えられるからです。したがって、信託においては、受益者が持っている受益権が不動産の実質的な所有権であると考えて差し支えありません。

　この考え方から、課税上は、受益者が信託財産を保有しているものとみなしています（所得税法 12 条、法人税法 11 条）。信託においては、受益者が保有する受益権が重要な権利です。

◆ 信託における権利

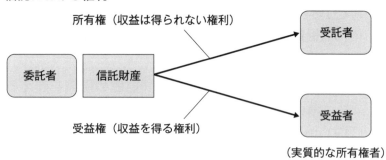

受益者が持つ受益権は、信託財産から発生する収益（例えば信託財産が不動産の場合における地代や家賃など）を受ける権利と信託財産自体（元本）を受ける権利という2つの権利を合わせたものと考えられます。この場合、信託財産から発生する収益を受ける権利を「収益受益権」といい、信託財産自体（元本）を受ける権利を「元本受益権」といいます。そして、信託では、「受益権」を「収益受益権と元本受益権」に分割して、それぞれを別人に与えることができます。

　このように、「受益権」を「収益受益権と元本受益権」に分割することを「受益権の複層化」といいます[1]。

◆ 受益権の複層化

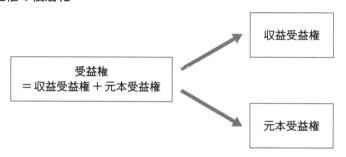

2　受益権が複層化された事例と課税関係

　以下では、受益権が複層化された場合の信託契約の具体的事例を挙げつつ、事例に沿って課税関係を確認していきます。

---

[1]　受益権の複層化は、収益受益権と元本受益権に分割することだけではないが、本書では、収益受益権と元本受益権に分割することを受益権の複層化として扱うこととする。民事信託における受益権の複層化の活用事例の多くは、収益受益権と元本受益権に分割することであると考えられるからである。なお、収益受益権と元本受益権に分割すること以外の事例としては、例えば、受益者が2以上存在し、かつ元本償還及び収益配当についてそれぞれの間に優先、劣後の関係を設ける受益権の分割をすることも考えられる（吉村政穂「受益権が複層化された信託に対する課税ルールに関する一考察」（金融庁金融研究センター ディスカッションペーパー3頁（2012））。

◆ 事例A

信託財産	不動産（アパート1棟、Xの所有、評価額1億円、年間利益額600万円）
委託者	X
収益受益者	X
元本受益者	Xの長男（成年）
受託者	Xの長男（成年）
信託期間	信託契約締結後15年。ただし、収益受益者または元本受益者が死亡した場合、信託は終了する。

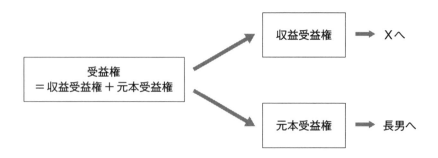

　事例Aの信託契約は、受益権を収益受益権と元本受益権に複層化し、収益受益権はもともとの所有者である委託者のXさんが取得し、元本受益権を長男へ与えるという内容です。

　また、「委託者X＝受益者X（収益受益者）」となっており、実質的には自益信託となっています。したがって、信託設定時にXさんに課税関係は生じません。

　一方、長男には贈与税が課税されます。信託契約と同時に長男へ元本受益権という財産が委託者Xさんから贈与されたものとして取り扱われるからです。

　ここで、長男へ課税される贈与税の税額は、長男が取得した元本受益権の価額によって決まります。そこで、元本受益権の価額がどのように決まるかが問題となります。その計算方法は、財産評価基本通達202によって定められています。

◆ 財産評価基本通達 202

> 　信託の利益を受ける権利の評価は、次に掲げる区分に従い、それ
> ぞれ次に掲げるところによる。（略）
> （１）　（略）
> （２）　（略）
> （３）　元本の受益者と収益の受益者とが異なる場合においては、
> 　次に掲げる価額によって評価する。
> 　　イ　元本を受益する場合は、この通達に定めるところにより評価
> 　　　した課税時期における信託財産の価額から、ロにより評価した
> 　　　収益受益者に帰属する信託の利益を受ける権利の価額を控除し
> 　　　た価額
> 　　ロ　収益を受益する場合は、課税時期の現況において推算した受
> 　　　益者が将来受けるべき利益の価額ごとに課税時期からそれぞれ
> 　　　の受益の時期までの期間に応ずる基準年利率による複利現価率
> 　　　を乗じて計算した金額の合計額

　財産評価基本通 202 を算式に表すと、次のとおりです。

◆ 収益受益権と元本受益権の財産評価に関する計算式

> ○元本受益権＝信託財産（所有権）の評価額－収益受益権の評価額
> ○収益受益権＝（各期間に将来受けるべき利益の価額 × 複利現価
> 　率[2]）の合計額

　算式から分かるように、元本受益権の価額は、信託財産の評価額から
収益受益権の評価額を引いたものです。したがって、収益受益権の評価
額が決まれば、元本受益権の評価額は決まります。この計算によって算
出された元本受益権の評価額に基づき、長男へ贈与税が課税されます。

---

[2]　複利現価率……例えば、5 年後に 100 万円をもらうことになっていた場合に、
　現在の 100 万円と 5 年後の 100 万円では価値が異なるという考え方に立って、そ
　の 5 年間に一定の利率（基準年利率）で複利運用したとする場合の現在の価値を
　算定するときに使う係数。

3 受益権が複層化された場合の受益権の評価と贈与税の計算

　では、事例を基に実際に収益受益権および元本受益権の評価を行い、贈与税の税額の計算をしてみましょう。再度、事例Aに基づいて計算に必要な数字を掲げます。

◆ 事例A

信託財産の価格	1億円
年間の利益額	600万円
信託の存続期間	15年
基準年利率[3]	国税庁の公表による

　収益受益権の評価額は、信託期間中の各年ごとに推算された利益の額に複利現価率を掛けて算出した金額（これを「割引現在価値」といいます）を計算し、それをすべて合計して算出します。つまり、各年ごとの利益額600万円に各年ごとの複利現価率を掛けて出た結果をすべて合計したものが収益受益権の評価額となります。

　評価額を表にすると次のとおりです。

---

[3]　基準年利率……相続、遺贈、贈与により取得した財産を評価する場合における財産評価基本通達4-4に定める「基準年利率」をいう。すなわち、相続税・贈与税などを計算するために使用する利率。国税庁が公表している。その利率は時期によって変わるが、本事例では令和3年6月時点の基準年利率を基準にして計算している。

◆ 収益受益権の評価額計算表

年度	年間利益額見込①	複利現価率②	割引現在価値①×②
1	6,000,000	1.000	6,000,000
2	6,000,000	1.000	6,000,000
3	6,000,000	1.000	6,000,000
4	6,000,000	1.000	6,000,000
5	6,000,000	1.000	6,000,000
6	6,000,000	0.999	5,994,000
7	6,000,000	0.983	5,898,000
8	6,000,000	0.980	5,880,000
9	6,000,000	0.978	5,868,000
10	6,000,000	0.975	5,850,000
11	6,000,000	0.973	5,838,000
12	6,000,000	0.970	5,820,000
13	6,000,000	0.968	5,808,000
14	6,000,000	0.966	5,796,000
15	6,000,000	0.963	5,778,000
収益受益権の評価額			88,530,000

　表のとおり、信託契約時の収益受益権の評価額は、各年の収益の割引現在価値（表の一番右の数字）の合計額となりますので、**事例A**での収益受益権の評価額は 8,853 万円です。よって、元本受益権の価格は「1 億円 − 8,853 万円 ＝ 1,147 万円」です。

◆ 事例Aにおける収益受益権と元本受益権の評価

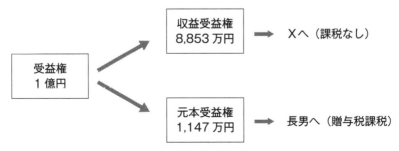

元本受益権の評価額が算出できれば、以下のとおり贈与税額は224.8万円と算出できます。

◆ 事例における贈与税の計算

> ○信託財産の評価額＝100,000,000円
> ○収益受益権の評価額＝88,530,000円
> ○元本受益権の評価額＝100,000,000円－88,530,000円＝
> 　11,470,000円
> ○長男の贈与税額＝（11,470,000円－1,100,000円）×40％－
> 　1,900,0000円＝2,248,000円

　なお、**事例A**において信託が終了した場合、長男はその保有する元本受益権に基づいて信託財産の所有権を取得しますが、長男への贈与税の課税は生じません[4]（詳しくは後述）。

---

[4] ただし、長男へは信託財産である不動産の取得に伴う不動産取得税と名義変更に伴う登録免許税が課税される。

2 受益権が複層化された受益者連続型信託の場合

課税（応用）

　受益権が複層化された受益者連続型信託の税務上の取扱いを説明します。

　受益者連続型信託とは、例えば、最初は本人が受益者となり、次は長男を第二の受益者に、さらに次は長男の子（孫）を第三の受益者に指定するような信託です。

　このような受益者連続型信託と上記**事例A**のように受益権を複層化した信託を組み合わせた信託も可能ですが、この場合は上記**事例A**の税務上の取扱いとは異なるため、注意が必要です。

　受益権が複層化された受益者連続型信託では、収益受益者が保有する受益権について、期間の制限やその他の制約が付されていないものとみなされます（相続税法9条の3）。収益受益者が信託財産をすべて所有しているものとみなされて課税され、元本受益権の評価額はゼロになるということです。この取扱いは、相続税法基本通達9の3－1に以下のように記載されています。

◆ 相続税法基本通達9の3－1

　　受益者連続型信託に関する権利の価額は、例えば、次の場合には、次に掲げる価額となることに留意する。（略）
（1）　（略）
（2）　受益者連続型信託で、かつ、受益権が複層化された信託（以下9の3－3までにおいて「受益権が複層化された受益者連続型信託」という。）に関する収益受益権の全部を適正な対価を負担せず取得した場合　　信託財産の全部の価額
（3）　受益権が複層化された受益者連続型信託に関する元本受益

権の全部を適正な対価を負担せず取得した場合（当該元本受益権に対応する収益受益権について法第9条の3第1項ただし書の適用がある場合又は当該収益受益権の全部若しくは一部の受益者等が存しない場合を除く。） 零

この通達の取扱いを、事例をもとに説明します。

◆ 事例B

信託財産	不動産（アパート1棟、Xの所有、評価額1億円、年間利益額600万円）
委託者	X
収益受益者	・1次受益者X ・信託契約締結後15年経過した時に2次受益者として長男を指定する
元本受益者	Xの長男
受託者	Y
信託期間	20年

事例Aとの違いは、受託者をYとして、信託契約締結後15年経過した時に信託を終了させずに2次受益者として長男を指定している点です。すなわち、実質的な違いは、収益受益者を「1次受益者のX⇨2次受益者の長男」へと連続させているか否かだけです。

この違いによって、収益受益権の評価と元本受益権の評価が異なります。

受益権が複層化された受益者連続型信託では、収益受益者が信託財産をすべて所有しているものとみなされ、その評価額は1億円です。一方、元本受益権の評価額はゼロになります。

評価額の違いを図に示すと次のようになります。

◆ 事例A

受益権 1億円 → 収益受益権 8,853万円 / 元本受益権 1,147万円

◆ 事例B

受益権 1億円 → 収益受益権 1億円 / 元本受益権 ゼロ

　受益権が収益受益権と元本受益権に複層化された場合において、収益受益者が連続していない**事例A**の場合は、元本受益権が評価され、その評価額は1,147万円ですが、収益受益者が連続している**事例B**の場合は、元本受益権の評価額がゼロであるという違いが生じます。つまり、**事例A**では信託契約時に長男に贈与税が課税されますが、事例Bでは長男に贈与税が課税されません。そうなると、受益権が複層化された受益者連続型信託の場合の方が税務上有利であるように思えます。

　しかし、信託契約締結後15年経過した時の課税が大きく異なります。**事例B**では、信託契約締結後15年経過した時に長男が収益受益権を取得した際、Xさんから長男へ収益受益権が贈与されたとみなされ、その評価額1億円に対して贈与税が課税されます。この贈与税はかなり高額になります。

　一方、**事例A**においても、信託契約締結後15年経過し信託が終了した場合、長男に対して収益受益権が贈与されたものとみなされますが、その評価額はゼロであるため贈与税は課税されません（詳細は後述）。したがって、**事例B**の方が税務上かなり不利になります。

　事例Aと**事例B**で、収益受益権と元本受益権の内容はほとんど同じです。実質的な違いは、収益受益者が連続しているか、連続していないかだけです。受益権の権利の内容が同じであれば、その評価方法は同じであるべきですが、収益受益権と元本受益権の評価額が異なります。

　受益権が複層化された受益者連続型信託は、税制が原因となって、事

実上その活用が邪魔されている状態といえます。権利の内容に即した税務上の取扱いにすべく、改善されるべきであると考えます。

　上記2において、受益権が複層化された受益者連続型信託は、税務上不利になると説明しました。反対に、上記の**事例A**（86頁）のように、受益者連続型信託ではない受益権を複層化した信託を活用すれば税務上有利になると考えられます。

① 受益権が複層された信託による節税効果

　事例Aの「収益受益権の評価額計算表」（87頁）のとおり、信託契約時の収益受益権の価額は、各年の収益の割引現在価値（表の一番右の数字）の合計額ですから、事例における信託契約時の収益受益権の価額は8,853万円です。よって、信託契約時の元本受益権の価額は「1億円－8,853万円＝1,147万円」です。

　では、信託契約後2年目の収益受益権の価額はいくらでしょうか。

　2年目は、信託契約時の収益受益権の価額8,853万円から1年目の収益の割引現在価値600万円を引いた価額、すなわち「8,853万円－600万円＝8,253万円」となります。収益受益者が信託財産から収益を受け取る期間が1年短くなったため、収益受益権の価額は、その分減少するからです。

　反対に、元本受益権の価額は、その分増加します。元本受益権は、信託財産の価額から、収益受益権の価額を引いたものであるからです。

　3年目以降も同様に計算して、収益受益権と元本受益権の価額の推移を表にすると次のようになります。

◆ 収益受益権と元本受益権の価額の推移表

年度	収益受益権①	元本受益権①−③	信託財産の価額③
1	88,530,000	11,470,000	100,000,000
2	82,530,000	17,470,000	100,000,000
3	76,530,000	23,470,000	100,000,000
4	70,530,000	29,470,000	100,000,000
5	64,530,000	35,470,000	100,000,000
6	58,530,000	41,470,000	100,000,000
7	52,536,000	47,464,000	100,000,000
8	46,638,000	53,362,000	100,000,000
9	40,758,000	59,242,000	100,000,000
10	34,890,000	65,110,000	100,000,000
11	29,040,000	70,960,000	100,000,000
12	23,202,000	76,798,000	100,000,000
13	17,382,000	82,618,000	100,000,000
14	11,574,000	88,426,000	100,000,000
15	5,778,000	94,222,000	100,000,000
終了時	0	100,000,000	100,000,000

　表のとおり、**事例A**では、信託契約時の収益受益権の価額は8,853万円、元本受益権の価額は1,147万円です。

　この評価額は、時間の経過とともに収益受益権の価額は減少していきますが、反対に、元本受益権の価額は増加していきます。その結果、信託終了時には収益受益権の価額はゼロとなり、元本受益権の価額は信託財産の価額と同じ1億円となります。

◆ 信託契約時と信託終了時の受益権の価額

	収益受益権の価額	元本受益権の価額
信託契約時	8,853万円	1,147万円
信託終了時	0円	1億円

これを図に表すと、以下のとおりです。

◆ 収益受益権と元本受益権の評価額の関係

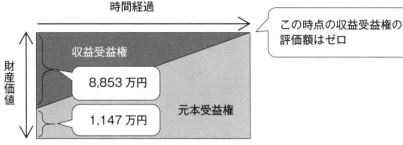

出典：深代勝美「信託を活用した節税スキーム」の図表を基に作成。
（http://www.souzoku.co.jp/advice/koredake79.html）
以下 99 頁、156 頁、221 頁、222 頁、223 頁、231 頁、232 頁、260 頁も同様。

　上記のように、受益権の価額が計算できれば、贈与税の取扱いが確定します。

　まず、信託契約時には、元本受益権の価額である 1,147 万円が長男に贈与されたものとして贈与税が課税されます。その贈与税額は約 225 万円です。一方、収益受益権を取得する X さんに対する課税はありません。もともとの信託財産の所有者であるのは X さんであり、X さんは新たに財産を取得したわけではないからです。むしろ、X さんは所有していた信託財産の価額から元本受益権の価額の分だけ財産が減少しています。

　次に、信託終了時には長男が信託財産を取得するわけですが、この際、X さんにも長男にも課税されません。事例の契約では、信託終了時、X さんにはもはや信託財産から生ずる利益を受ける権利がなくなるので、当然課税されません。一方、長男は信託終了時に信託財産の「所有権」を取得することになります。長男が所有している元本受益権は、信託終了時に信託財産自体を受ける権利であるからです。

　ここで、長男が信託財産の所有権を手にするということは、実際には、X さんが所有する収益受益権を取得することにより、所有権を取得すると考えられます。なぜなら、国税庁は以下のように元本受益権の評価方法を定めているからです（財産評価基本通達 202）。

元本受益権の価額＝信託財産（所有権）の価額−収益受益権の価額

この算式を変形すると以下のようになります。

信託財産（所有権）の価額＝元本受益権の価額＋収益受益権の価額

既に長男
が保有

「新たに長男
が取得」
（＝0円）

　上の算式のとおり、所有権とは、元本受益権と収益受益権を合計した
ものです。したがって、信託終了時に長男が所有権を取得するのは、元
本受益権を持っている長男が収益受益権を取得することによって信託財
産の所有権を取得できたことになると考えられます。この際、長男が新
たに取得した財産である収益受益権の価額は「0円」です。結果、長男
に贈与税は課税されません。
　まとめると、次の表のとおりです

◆ 贈与税の取扱い

信託契約時	X	課税なし
	長男	約225万円の贈与税課税
信託終了時	贈与税の課税なし	

　このように、信託を活用すれば、結果として1,147万円の財産に対す
る贈与税（約225万円）のみで、1億円の財産を長男に贈与できる結果
となります。これに対して、単純に1億円の財産を長男に生前に贈与し
た場合、贈与税の額は約4,800万円となり、大きく贈与税の軽減ができ
たことになります。

◆ 贈与税の比較

・信託を活用しない場合
　（1億円－110万円）× 55%－640万円≒<u>約4,800万円</u>
・信託を活用した場合
　（約1,147万円－110万円）× 40%－190万円≒<u>約225万円</u>

以上のとおり、信託を活用すれば、贈与税を低く抑えながら、信託財産自体を元本受益者に贈与することができます。その結果、信託財産は相続財産から外れるので、相続税の節税ができたといえます[5]。

　もっとも、Xさんが信託収益（アパートの家賃収入）を費消せずに、その収益（金銭）を蓄積していたのであれば、その蓄積した収益（金銭）に相続税が課税されるので、相続税の節税にはなりません。相続税の節税のためには、Xさんが得る信託収益をXさんが費消するか、蓄積した収益（金銭）を長男などに贈与するなどしてだんだんと減らしていくことが必要です。蓄積した収益（金銭）を減らすことは、贈与などを上手く活用すれば困難なことではないでしょう。したがって、これまでに説明したような受益権を複層化した信託の活用は、相続税の節税策として有効な方法であるといえます[6]。

2 受益権が複層化された信託による節税効果への疑問（その1）

　以上のような信託を活用した相続税対策に対し、「このような節税スキームは本当に大丈夫なのか」という疑問を持つ人は多いことでしょ

---

[5] このような節税のスキームは、八ッ尾順一『〔七訂版〕租税回避の事例研究～具体的事例から否認の限界を考える』592-594頁（清文社、2017）、弁護士法人Martial Arts編著『家族信託に強い弁護士になる本』403-433頁（日本法令、2017）等で紹介されている。

[6] ただし、「令和3年度税制改正大綱」では「相続税と贈与税をより一体的に捉えて課税する観点から、（略）格差の固定化の防止等に留意しつつ、資産移転の時期の選択に中立的な税制の構築に向けて、本格的な検討を進める」との記載があり、将来、相続税と贈与税を一体化する税制改正の可能性がある。そのような税制改正が実現したら、生前贈与は相続税対策として活用できなくなるので、受益権を複層化した信託の活用をしても相続税の節税とならない可能性がある。

う。具体的には、次のような疑問です。

たしかに、長男が得る利益とは収益受益権であると考えれば、信託終了時には収益受益権は0円となるので、贈与税はかからない。しかし、元本受益権は年々価値が上昇し、信託終了時に信託財産の価額と同じになるのだから、その元本受益権の価値の上昇分に対して課税されると考えるべきでは？

　この疑問における論点は、元本受益者が信託終了時に得る利益とは、収益受益権を得ることなのか、それとも元本受益権の価値の上昇分なのか、という点です。

　この点を考えるに当たっては、「相続税法基本通達9−13」を確認します。

◆ 相続税法基本通達9−13

> 　法第9条の3第1項に規定する受益者連続型信託（略）以外の信託（略）で、当該信託に関する収益受益権（信託に関する権利のうち信託財産の管理及び運用によって生ずる利益を受ける権利をいう。以下同じ。）を有する者（以下「収益受益者」という。）と当該信託に関する元本受益権（信託に関する権利のうち信託財産自体を受ける権利をいう。以下同じ。）を有する者（以下「元本受益者」という。）とが異なるもの（略）が、信託法（略）<u>第164条（委託者及び受益者の合意等による信託の終了）の規定により終了した場合には、原則として、当該元本受益者が、当該終了直前に当該収益受益者が有していた当該収益受益権の価額に相当する利益を当該収益受益者から贈与によって取得したものとして取り扱う</u>ものとする。（略）

（注）下線は筆者追記

通達には、「（委託者及び受益者の合意等により信託が終了した場合には、）当該元本受益者が、当該終了直前に当該収益受益者が有していた当該収益受益権の価額に相当する利益を当該収益受益者から贈与によって取得したものとして取り扱う」と記載されています。したがって、元本受益者が信託終了時に得る利益とは、収益受益権を得ることだといえます。そうであれば、これまでに述べたように「終了直前に当該収益受益者が有していた当該収益受益権の価額」は0円であるので、元本受益者に贈与税は課税されないという理屈は十分成り立つでしょう。

　また、元本受益権の価値の上昇分に対して課税されると考えるべきなのか否かについては、次のような考察[7]が答えになります。

> 　元本受益権の評価額と収益受益権の評価額の合計は、信託財産の評価額に一致する。信託設定時点でそれぞれの受益権の取得が課税される結果、信託財産の全額が課税される。そこで受益権の現有者が信託期間中に信託収益または信託終了時に信託元本を受領するのは、課税済みの権利に基づく既得権であるから、新たな課税はない。信託財産が2度課税されることはない。

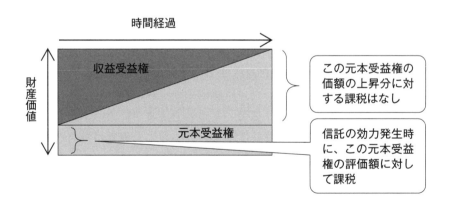

7　高橋倫彦編著『受益権複層化信託の法務と税務』96頁

3 受益権が複層化された信託による節税効果への疑問（その2）

この信託の節税スキームについては、次のような税務リスクに対する指摘も予想されます。

> 収益受益権の評価は、将来受けるべき利益の価額であると通達では定めているが、事例では不動産の家賃収入を基として計算している。家賃収入は、将来にわたって確定したものではないので、収益受益権の評価について事後的に課税当局から否認されるリスクがあるのでは？

たしかに、このような指摘に対して強く反論することはできないでしょう。税務リスクがあること自体はたしかです[8]。

したがって、このスキームを活用するならば、将来にわたって確定した利益が得られる信託財産（例えば確定利付国債など）とすることがベストです。

とはいえ、不動産を信託財産とすることは避けるべきとまではいえないと考えます。

財産評価基本通達202には「課税時期の現況において推算した受益者が将来受けるべき利益の価額」を基準に計算すると明記されています。あくまでも「推算」により計算するということです。「推算」という用語を使用しているのは、将来に受けるべき利益の価額は、課税時期の現況と比較して変化があることを前提としていると考えることが自然です。このことから、将来にわたる家賃収入の推算に合理性があれば、課税当局から否認されるリスクは低いものと考えます。言い換えれば、不動産の家賃収入を基として推算することについて合理性がないといえる明確な根拠がなければ、課税当局が否認することはできないと考えられます。

では、「推算」に合理性がない場合とはどのような場合でしょうか。

この点を考えるにあたって、税務大学校の川口幸彦教授による論文

8　高橋倫彦編著『受益権複層化信託の法務と税務』41頁

「信託法改正と相続税・贈与税の諸問題」[9] に記載された事例が参考になります。およそ以下のような事例です。

> Aは、所有している甲土地（相続税評価額 10 億円）について、自らが主催する同族会社（乙社）に対し、資材置き場として賃貸借契約を締結した。この賃貸借契約については、通常に比べて極めて高い賃貸料に設定した。そのうえで、懇意にしているC社を受託者とし、Aを収益受益者（Aは、賃料収入から信託報酬等の額を控除した額を受益する。この時点では 3,000 万円）、長男Bを信託の終了時に元本の交付を受ける元本受益者として信託契約（信託期間 30 年）を締結した。そして、3 年経過後に、受託者であるC社は、当初の乙社との賃貸借契約を終了し、この土地について同族関係等のない会社（丙社）に、通常に比べて極めて安い賃貸料（賃料収入から信託報酬等の額を控除した額は 300 万円にしかならない）で資材置き場として数年間の賃貸借契約を締結した。そのうえで、4 年経過時に信託に関し関係者により合意解除を行った。

　この事例は、財産評価基本通達 202 の評価方法における「将来受けるべき利益の価額」の推算が不合理に行われた事例です。

　通達 202 の評価方法は、「将来受けるべき利益の価額」という予想に基づく価額を基準に計算するものであるため、その予想の価額を恣意的に高くすれば、収益受益権の評価額は高くなります。そうすれば、それに伴って元本受益権の評価額を低くすることができ、元本受益者に課税される贈与税額を低く抑えることができます。このことから、上記の事例では、当初の賃貸借契約を通常に比べて極めて高い賃貸料（3,000 万円）に設定し、収益受益権の価額を恣意的に高くすることにより、元本受益権の価額を低く抑えて、信託契約時に元本受益者に課される贈与税の課税額を恣意的に低くする行為を行ったと考えられます。このような

9　川口幸彦「信託法改正と相続税・贈与税の諸問題」税大論叢 57 号（2008）428-429 頁
https://www.nta.go.jp/about/organization/ntc/kenkyu/ronsou/57/04/mokuji.htm

行為があった場合は、「推算」に合理性はないものと考えます。

　また、信託契約締結から3年経過後に、通常に比べて極めて安い賃貸料（300万円）で賃貸借契約を締結したのは、合意解除により元本受益者が信託財産を得る際に元本受益者へ課税される贈与税の負担を抑えるためだと考えられます。すなわち、合意解除により元本受益者が信託財産を得る場合、元本受益者は、その合意解除時の収益受益権の価額の利益を得たと取り扱われ、その時の収益受益権の価額に対して贈与税が課されます（相続税法基本通達9-13）。その贈与税額を低くするためには、その時の収益受益権の評価の基となる賃料を低く抑える必要があります。そこで、通常に比べて極めて安い賃貸料（300万円）で賃貸借契約を締結したと考えられます。このような行為があった場合も、「推算」に合理性がないものと考えます。

　上記事例において川口教授も「収益受益権の価額を計算する際の「年収益の額」については、3,000万円と300万円を使用したが、これが本当にこの土地の正しい土地の収益力を示しているかどうかである。そうでないとすれば、これらの金額（3,000万円と300万円）を基に収益受益権の評価を行うこと自体に誤りがある」[10]と述べています。

　上記事例とは反対に、推算が過去の家賃収入の実績等に基づいて行われ、周辺家賃相場と比較し乖離のない場合などは、恣意性の介入がないものと認められ、推算が合理的に行われたものと考えることができるでしょう。このような場合であれば、その推算を否定する明確な根拠はないものと考えられ、税務リスクは低いものといえます。

④　受益権が複層化された信託による節税効果への疑問（その3）

　ここまでの説明でもなお、「それでも何かしら税務リスクがあるのではないか」という漠然とした不安があるかもしれません。

　考え得る税務リスクとして、受益権が複層化された信託が「受益権が

10　川口幸彦「信託法改正と相続税・贈与税の諸問題」430頁（前頁脚注参照）

複層化された受益者連続型信託」とみなされるリスクがあります。すなわち、次のような疑問です。

> 受益権が複層化された信託は、信託終了時に元本受益者が収益受益権を得ることを前提として、その時の収益受益権の価額がゼロであるから、元本受益者に対して贈与税が課税されないことで節税が成り立つという理屈である。この理屈からすると、元本受益者は「元本受益権⇨収益受益権」というように受益権を連続して取得したことになるとも考えられるのでは？
> そのように考えたら、受益権が複層化された信託は、受益権が複層化された受益者連続型信託の類型になるのでは？
> 受益権が複層化された受益者連続型信託は、収益受益権の価額＝信託財産全部の価額とみなされるから、信託終了時に元本受益者に信託財産全部の価額に対して贈与税（または相続税）が課税されると扱われる税務リスクがあるのでは？

　この疑問については、「受益者連続型信託の定義は何か」ということを正確に理解することで、自ずと答えが出ます。
　受益者連続型信託の定義は、相続税法施行令１条の８に以下のとおり定められています。

◆ 相続税法施行令１条の８

> 一　受益者等（略）の死亡その他の事由により、当該受益者等の有する信託に関する権利が消滅し、他の者が新たな信託に関する権利（略）を取得する旨の定め（略）のある信託（略）
> 二　受益者等の死亡その他の事由により、当該受益者等の有する信託に関する権利が他の者に移転する旨の定め（略）のある信託
> 三　信託法第91条に規定する信託及び同法第89条第１項（受益者指定権等）に規定する受益者指定権等を有する者の定めのある信託並びに前２号に掲げる信託以外の信託でこれらの信託に類するもの

　１項と２項には、それほど疑義はないでしょう。しかし、３項に記載

されている「これらの信託に類するもの」が、具体的にどのような内容の信託契約を指しているのかが明確ではありません。

　この点について、元本受益権が元本受益者の相続人に相続される信託である場合は、受益者連続型信託に類するものであるとの見解があり[11]、そのように理解しておけば問題はないものと考えます。すなわち、収益受益権または元本受益権について、それぞれの受益権の内容そのままが当初の受益者とは異なる者（相続人を含めた他の者）へ移転する場合が受益者連続型信託に該当すると理解すれば良いものと思われます。

　このように考えると、元本受益者が収益受益権を取得し、信託財産の所有権を得たと考える場合、すなわち「元本受益権→収益受益権」というように受益権を連続して取得したことにより、元本受益者が信託財産を取得したと考えたとしても、受益者連続型信託に該当することはないものといえます。元本受益権の内容そのままが当初の受益者と異なる者へ移転することにはならないからです。

　以上により、次のいずれかに該当する場合、受益権が収益受益権と元本受益権に複層化された信託で、かつ、受益者連続型信託には該当しない信託であると考えられます[12]。

◆ 受益者連続型信託には該当しない信託とは

○　信託期間が設定されており、収益受益者や元本受益者が信託契約の期間中に誰にも引き継がれない内容となっている。

○　信託期間の終了前に収益受益者や元本受益者が死亡した場合は、信託が終了する内容となっている。

○　信託期間が収益受益者や元本受益者が死亡するまでという内容となっている。

11　高橋倫彦編著『受益権複層化信託の法務と税務』46頁、112頁
12　高橋倫彦編著『受益権複層化信託の法務と税務』113頁では「受益者連続型信託と認定されるリスクを回避するための方法として、信託の満期以前であっても受益者のいずれかの死亡時に信託を終了させる方法が考えられる。」と記載がある。

なお、上記**事例Ａ**（86頁）では、信託契約締結後15年で信託終了しますが、収益受益者または元本受益者が死亡した場合も信託は終了する内容となっているので、受益者連続型信託には該当しない信託と考えられます。

5　受益権が複層化された信託による節税効果への疑問（その4）

　さらにもう一つ、考えられる税務リスクがあります。相続税法9条の2第4項が適用されて、元本受益者に贈与税または相続税が課税されるおそれがあるのではないか、というリスクです。

　相続税法9条の2第4項は、次のとおり定めています。

◆ 相続税法9条の2第4項

> 受益者等の存する信託が終了した場合において、適正な対価を負担せずに当該信託の残余財産の給付を受けるべき、又は帰属すべき者となる者があるときは、当該給付を受けるべき、又は帰属すべき者となつた時において、当該信託の残余財産の給付を受けるべき、又は帰属すべき者となつた者は、当該信託の残余財産（当該信託の終了の直前においてその者が当該信託の受益者等であつた場合には、当該受益者等として有していた当該信託に関する権利に相当するものを除く。）を当該信託の受益者等から贈与（当該受益者等の死亡に基因して当該信託が終了した場合には、遺贈）により取得したものとみなす。

　この規定については、以下のように解釈する見解[13]があり、妥当と考えますので引用します。

> 信託の満期終了の場合に元本受益者が無償で信託財産を受領する場合は、元本受益者が信託財産の評価額と元本受益権の評価額との差

13　高橋倫彦編著『受益権複層化信託の法務と税務』96-97頁

額について利益を受けるが、この差額の受領は信託設定時に既に課税された元本受益権の既得権であるから、相続税法9条の2第4項で課税されない。

言い換えれば、元本受益者が信託の終了の際に信託財産を得ることは、元本受益者が新たな財産（残余財産）を取得したわけではないということです。元本受益権の権利の内容が信託の終了の際に信託財産（元本）を得る権利であるから、その権利により信託財産を得るのは当然のことである、という考え方です。

上記の引用に続いて、さらに、次のような見解[14]も示されています。

収益受益者は元本受益者に「利益を受けさせた者」ではないので、相続税法9条により課税されない。

この見解も、元本受益権の権利の内容が信託の終了の際に信託財産（元本）を得る権利であるから、その権利に基づいて信託財産を得るのは当然のことである（新たに利益を得たわけではない）、という考え方です。

なお、上記引用の中に記載されている相続税法9条本文は、次のとおりです。

◆ 相続税法9条

対価を支払わないで、又は著しく低い価額の対価で利益を受けた場合においては、当該利益を受けた時において、当該利益を受けた者が、当該利益を受けた時における当該利益の価額に相当する金額（対価の支払があつた場合には、その価額を控除した金額）を当該利益を受けさせた者から贈与（当該行為が遺言によりなされた場合には、遺贈）により取得したものとみなす。

---

[14]　高橋倫彦編著『受益権複層化信託の法務と税務』97頁

受益権が複層化された信託の所得税の課税

受益権が収益受益権と元本受益権に複層化されている場合、所得税の取扱いが明確化されていない部分があります。受益者が複数いる場合の所得税に関する税法の規定(所得税法施行令52条4項)が以下のように「信託財産に帰せられる収益及び費用の全部がそれぞれの受益者にその有する権利の内容に応じて帰せられる」としか規定されておらず、非常に抽象的であるからです[15]。

◆ 所得税法施行令52条4項

> 法第13条第1項に規定する受益者(同条第2項の規定により同条第1項に規定する受益者とみなされる者を含む。以下この項において同じ。)が2以上ある場合における同条第1項の規定の適用については、同項の信託の信託財産に属する資産及び負債の全部をそれぞれの受益者がその有する権利の内容に応じて有するものとし、当該信託財産に帰せられる収益及び費用の全部がそれぞれの受益者にその有する権利の内容に応じて帰せられるものとする。

この規定によれば、収益受益権と元本受益権の権利の内容に応じて、収益および費用を按分する必要があるように解釈できます[16]。しかし、収益および費用をどのように(どのような割合で)按分させるのかについて、その基準は定められておらず、明確ではありません。

ただし、受益権を収益受益権と元本受益権に分割する複層化信託の場

---

[15] 所得税法施行令52条4項における「権利の内容に応じて帰せられる」の例示としては、所得税基本通達13-4に定められている。しかし、この通達によっても、収益受益権と元本受益権に複層化された場合についての取扱いは明確ではない。

合は、収益および費用を按分するのではなく、そのどちらか一方のみに収益および費用を帰属させ、それにより所得税は収益受益者または元本受益者のどちらか一方のみに課税されるとの考え方もできます。現状においては、この考え方により、所得税は、収益受益者に課税されるという見解（**1**）と、元本受益者に課税されるという見解（**2**）に分かれています[17]。

そこで、この2つの見解の妥当性を検討します。

1 所得税は、収益受益者に対して課税されるという見解

（ア）収益受益者に対して課税されるという見解の根拠

所得税は、収益受益者に対して課税されるという見解が一般的です[18]。私見としても、この見解を支持します。根拠は「実質所得者課税の原則」です。

実質所得者課税の原則とは、所得はそれを経済的・実質的に支配している者に帰属するという原則であり[19]、所得税法12条の定めを根

---

[16] 喜多綾子「信託課税における所得計算ルールの課題と理論的検討」立命館法学331号（2010）777頁では、「信託受益権を優先収益受益権、劣後収益受益権、残余財産受益権に分割されている場合に、信託財産に属する収益及び費用を各受益者の権利の内容に応じて按分しなければならないが、この按分する基準が明らかにされていない。」と記載がある。

[17] 収益受益権と元本受益権の権利の内容に応じて、収益および費用をどのように収益受益者と元本受益者に帰属させるかについて論じられた書籍や文献は、ほとんどない。論じられている数少ない文献においては、収益および費用は収益受益者にすべて帰属する（所得税は収益受益者に課税される）ことが前提で論じられている。一方、所得税が元本受益者に課税されるという見解は、筆者の知る限り、笹島修平『信託を活用した新しい相続・贈与のすすめ』350-356頁で述べられているのみである。したがって、所得税は、①収益受益者に課税されるという見解と②元本受益者に課税されるという見解に分かれていると言い切ることは適切でないかもしれない。しかし、そのような見解があることは事実であることから、本書では、その2つの見解について検討した。

[18] 笹島修平『信託を活用した新しい相続・贈与のすすめ』354頁。また、高橋倫彦編著『受益権複層化信託の法務と税務』298頁には、「信託の期中においては、収益受益者は信託財産に属する資産・負債の全部を有するものとみなされ、信託財産から発生する収益の全部が収益受益者に帰属すると考えられる。」とある。

拠とするものです。

◆ 所得税法 12 条

> 資産又は事業から生ずる収益の法律上帰属するとみられる者が単なる名義人であつて、その収益を享受せず、その者以外の者がその収益を享受する場合には、その収益は、これを享受する者に帰属するものとして、この法律の規定を適用する。

「収益は、これを享受する者に帰属する」と定めています。受益権が収益受益権と元本受益権のように複層化されている場合、収益を実質的に享受する者は収益受益者と考えることが、最も素直だといえるでしょう。元本受益者は、少なくとも信託期間中は信託から生ずる収益を享受する立場にありません。したがって、所得税法 12 条により、収益受益者に対して所得税が課税されると考えることが妥当と考えます。

（イ）減価償却費の計上

ただし、減価償却費については、問題があります。減価償却費の基となる信託財産は、信託終了時には元本受益者に帰属することから、資産と収益の帰属との関係が問題になるからです[20]。すなわち、減価償却費は、収益受益者に帰属するのか、あるいは、元本受益者に帰属するのか、という問題です。

この点については、2 つの考え方があります[21]。

第 1 は、収益受益者に配分される収益は、減価償却費等を控除した後の収益として取り扱う場合です。この場合には、減価償却費相当額の収益については元本受益者に帰属するものと考えるので、元本受益者が減価償却費を計上することになります。

19　佐藤英明『スタンダード所得税法』291 頁
20　喜多綾子「信託課税における所得計算ルールの課題と理論的検討」780 頁
21　喜多綾子「信託課税における所得計算ルールの課題と理論的検討」779-780 頁

第2は、減価償却費を信託段階では計上せず、信託収益のすべてが収益受益者に帰属するとして取り扱う場合です。この場合には、収益受益者が、減価償却費を計上することになります。

　このように、減価償却については、上記2つの考え方ができます。そうであれば、収益受益者に配分される収益について、減価償却費等を控除した「後」の収益とするのか、減価償却費等を控除する「前」の収益とするのかを信託契約に明記することで、減価償却費を元本受益者が計上するのか、収益受益者が計上するのかは明確になるものと思われます。どちらを信託契約に明記しておくかは、契約当事者の自由です。

（ウ）減価償却費は収益受益者が計上すべき理由

　とはいえ、収益受益者に配分される収益について、減価償却費等を控除する「前」の収益として、収益受益者が減価償却費を計上する方が、理論的には妥当と考えます。収益受益者は、収益のすべてを受領する者であるため、その収益に係る費用は当然に対応させて計上すべきものと考えられるからです[22]。これは、会計の原則である収益費用対応の原則を根拠とする考え方です。

　そして、会計の原則は、所得が誰に帰属するのかという所得の人的帰属の場面でも妥当するとの見解が一般的です[23]。

　したがって、所得の人的帰属が定まれば、その所得に対応する費用を計上すべき者も必然的に定まると解すことができるため、収益受益者が減価償却費を計上することができると考えられます[24]。

　また、通常の信託実務では、信託の受託者は、減価償却費を信託段

---

[22]　佐々木誠「受益権が質的に分割された信託に対する所得税の課税に関する考察」税大論叢 92 号 304 頁（2018）
[23]　谷口勢津夫「所得の帰属」金子宏編『租税法の基本問題』197-198 頁（有斐閣、2007）
[24]　佐々木誠「受益権が質的に分割された信託に対する所得税の課税に関する考察」305 頁

階では計上せず、信託から生じる収益を単純にキャッシュフローベース（収益から実際の費用を差し引いた金額）で受益者に渡すことが通常です。実務上、収益受益者が受領する金額は、減価償却費等を控除した後の収益の金額ではなく、減価償却費等を控除する前の収益の金額である場合がほとんどといえます。したがって、この点からも収益受益者が減価償却費を計上することが妥当と考えます[25]。

（エ）本当に減価償却費は収益受益者が計上して良いのか

　収益受益者が減価償却費を計上することが妥当といえども、収益受益者は、減価償却の対象となる信託財産を有することはありません。このことから、収益受益者が減価償却費を計上することは本当に妥当なのかという疑義が生じます。この点を鑑みれば、信託財産の最終的な帰属先である元本受益者が減価償却を計上する方が合理的とも考えられます。

　しかし、受益権を複層化した信託の信託契約においては、元本受益者が信託期間中に所得（収益）を得ることはないことが通常です。したがって、所得（収益）を得ていない元本受益者が、費用（減価償却費）を計上することは、かえって合理的ではないとも考えられます。とはいうものの、もし元本受益者が所得（収益）を得ていると考えるならば、減価償却費を計上することは、収益受益者が減価償却費を計上するより合理的といえます。

　そこで次に、所得税は、元本受益者に対して課税されるという見解を検討します。

2　所得税は、元本受益者に対して課税されるという見解

（ア）元本受益者に対して課税されるという見解の根拠

　「所得税は、元木受益者に対して課税される」という見解の理論は、次のようなものです。

25　高橋倫彦編著『受益権複層化信託の法務と税務』292 頁

例えば、アパートなどの収益不動産を信託した場合、「賃貸収入は元本受益者に帰属（賃貸収入に係る所得税は元本受益者が納付）し、元本受益者は賃貸収入に相当する金銭を収益受益者に対して支払う債務を負担しているとするのが一つの整理の仕方」[26]であるという考え方です。

　この考え方の根拠は、所得税基本通達12－1にあるようです[27]。

◆ 所得税基本通達12－1

> 　法第12条の適用上、資産から生ずる収益を享受する者がだれであるかは、その収益の基因となる資産の真実の権利者がだれであるかにより判定すべきであるが、それが明らかでない場合には、その資産の名義者が真実の権利者であるものと推定する。

　上記通達を基にすると、信託財産の「名義者」を元本受益者と捉えて、賃貸収入は、元本受益者のものであると考えることがこの見解の始まりだと思われます[28]。そして、元本受益者は収益受益者に賃貸収入相当額を支払う債務を負担しているという見解です[29]。この見解から、元本受益者は減価償却費を控除した金額を所得として計算します。一方、収益受益者には、課税関係は生じないと解釈することになります。収益受益者が得る賃貸収入相当額は、元本受益者から債務の返済を受けていると考えるからです。

　以上により、この見解は、元本受益者を信託財産の所有者とみなしていることが前提であると思われます。この点で、賃貸収入の帰属者と信託財産の帰属者が一致しています。さらに、減価償却費を元本受益者が計上する点でも信託財産の帰属者とその財産に関する費用である減価償却費の帰属者が一致しています。したがって、所得税は元本

26　笹島修平『信託を活用した新しい相続・贈与のすすめ』355頁
27　笹島修平『信託を活用した新しい相続・贈与のすすめ』352-353頁
28　しかし、信託財産の名義者は受託者であるので、そもそもの出発点において疑問が生じる。
29　笹島修平『信託を活用した新しい相続・贈与のすすめ』353頁

受益者に対して課税されるという見解には、一定の合理性があります。

（イ）元本受益者に対して課税されるという見解の欠点

しかし私見では、この見解に対して違和感があります。

この見解は、所得税基本通達12－1を根拠としていると説明されていますが、この通達は、所得税法12条の解釈通達であるので、結局、収益受益者に対して所得税を課税するという見解の根拠となる条文と同じもの（＝所得税法12条）を根拠としています。ただし、直接的に所得税法12条を根拠としているわけではありません。所得税法12条を根拠としつつも、賃貸収入などの収益に対して収益受益者が債権者、元本受益者が債務者であるという理論構成が追加されています。この追加された理論構成が、本見解の重要な部分になっています。しかし、なぜ、「収益受益者－債権者・元本受益者＝債務者」との構成となるのかを裏付ける法的根拠（＝条文）が見当たりません。この点が、本見解の欠点です。

（ウ）信託法2条7項を根拠とした結論

では、どのように考えることが妥当なのでしょうか。その検討のため、信託の当事者の債権・債務の関係を規定する信託法2条7項（18頁参照）を確認します。同項は「受益者＝債権者」「受託者＝債務者」と定義しています。

元本受益者に対して所得税が課税されるという見解をこの定義に当てはめると、受託者は、元本受益者に対して収益を給付する義務を負う債務者であり、元本受益者は、受託者に対して収益の給付を請求できる権利を持つ債権者と解釈することになるでしょう。そのうえで、「収益受益者＝債権者」「元本受益者＝債務者」との理論構成を追加すると、信託法2条7項の解釈をするうえで収益受益者と受託者の債権・債務の関係が不明確になることが問題です。

◆ 受託者と収益受益者および元本受益者の関係

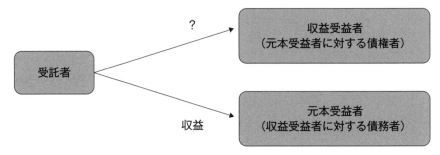

　信託法2条7項の条文に忠実な解釈としては、あくまでも、「受託者」と「受益者」（＝収益受益者と元本受益者）の間で債権・債務の関係が発生していると考えるべきです。つまり、「収益受益者」は、「受託者」に対して賃貸収入等収益の給付請求権（債権）を有していると考えるべきです。また、「元本受益者」は、「受託者」に対して信託財産（元本）の給付請求権（債権）を有していると考えるべきでしょう[30]。

　言い換えれば、「収益受益者・元本受益者」と「受託者」との間で債権・債務関係は発生しているが、「収益受益者」と「元本受益者」の間では債権・債務関係は発生していないと考えることが信託法2条7項の規定に整合すると考えられます。

◆ 信託法2条7項を根拠とした場合の債権・債務の関係

〈債務者〉　　　　　　　　　　　　　　　〈債権者〉

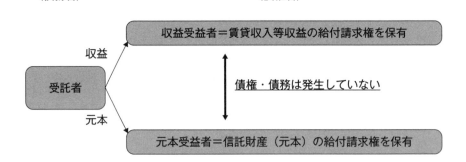

以上により、収益受益者が債権者、元本受益者が債務者であるという理論構成は、信託法2条7項の規定との整合性がないとの結論になります。また、この考え方の根拠が所得税基本通達12－1にあるとしても、明確な法的根拠（根拠条文）が見当たらず、理論構成に飛躍があるといえます。

　したがって、元本受益者に対して所得税が課税されるという見解は、妥当ではないと考えます。

30　高橋倫彦編著『受益権複層化信託の法務と税務』297頁では、「収益受益者とは信託財産から生ずる利益を受領する権利を有する受益者であり、元本受益者とは信託財産またはその代替物を受領する権利を有する受益者であると考えられる。」との記載がある。

受益権が複層化された信託の所得税の課税（譲渡所得税）

　上記④では、受益権が収益受益権と元本受益権に複層化されている場合、所得税は収益受益者に課税されることが妥当と結論付けました。この結論からは、信託期間中に信託財産を売却譲渡した場合、かつ、信託財産に譲渡益があるときは、その譲渡益は収益受益者に帰属することになります。したがって、収益受益者に譲渡所得税が課税されることが妥当との結論になります。

　しかし一般的には、譲渡益は物の信託では元本受益者に帰属し、金銭の信託では収益受益者に帰属するといわれています[31]。

　たしかに、信託財産の譲渡代金は、信託財産の代替物であるから、元本受益者が得ることになるので、譲渡所得税は元本受益者に課税されると考える方が素直です。しかし、譲渡所得税が収益受益者に課税されると考える方が論理一貫性があると考えます[32]。なぜなら、収益受益者に所得税が課税されると扱うことは、信託期間中は、収益受益者が信託財産を保有しているものとみなして税務上の取扱いをすることになるため、減価償却費の計上を収益受益者が行うことや譲渡益の帰属が収益受益者であることと整合性があるからです。

　ただし、譲渡所得税は収益受益者が負担する一方で、譲渡代金は元本受益者が受領することになる点で問題が生じます。しかし、この問題は、それほど大きな問題ではないと思われます。収益受益者が負担する譲渡所得税相当額は、信託財産から補填されるべきと考えられるからです。ただし、この点を明確化するために、譲渡所得税の負担者を収益受益者とした上で、譲渡代金のうち、譲渡所得税相当額は収益受益者が受

---

[31]　高橋倫彦編著『受益権複層化信託の法務と税務』93頁
[32]　高橋倫彦編著『受益権複層化信託の法務と税務』91頁

領し、残額（残余財産）を元本受益者が受領すると信託契約に定めることが望ましいものと考えます。そのような定めがあれば、それで問題はなくなります[33]。

　以上により、収益受益者に譲渡所得税が課税されることが妥当と考えます。

　もっとも、譲渡益は物の信託では元本受益者に帰属するとして、元本受益者に譲渡所得税が課税されるとしても問題はないといえます。前述のとおり、信託財産の譲渡代金は信託財産の代替物ですから、元本受益者が得ることになるからです。いずれにしろ、譲渡益がどちらの受益者に帰属するかは、信託契約で明確化しておけば、それで大きな問題が生じることはないでしょう。

33　高橋倫彦編著『受益権複層化信託の法務と税務』63 頁

収益受益権の評価額が信託財産の価額を超える場合

　受益権を元本受益権と収益受益権に分割する複層化信託の場合、収益受益権に関する収益の金額が大きい場合や収益を収受する期間が長い場合、収益受益権の評価額が信託財産の価額を超えることもあり得ます。このようなケースでは、財産評価基本通達 202 の定めを単純に適用すると、元本受益権の価額がマイナスになってしまいます。財産評価基本通達 202 では、元本受益権の価額は、以下のように定めているからです。

◆ 元本受益権の価額

　元本受益権の価額＝信託財産（所有権）の価額－収益受益権の価額

　では、元本受益権の価額がマイナスになるということは、どのようなことを意味するのでしょうか。考えられることは、元本受益者が収益受益者にそのマイナス分の金銭を給付しなくてはならないことを意味するということです。

　しかし、受益者（元本受益者）が受益権の価額を超えて何らかの債務を負担する理由はありません[34]。受益者は、信託契約により信託の利益を享受するだけの立場にあります[35]。受益者が信託に対して何らかの義務が発生することは想定されていないものと考えられます。信託法においても、受益者の義務の定めは見当たりません。したがって、元本受益権の価額がマイナスになる場合は、元本受益権の価額をゼロと考えるべきです[36]。そうすると、この場合の収益受益権の価額は、財産評価基本通達 202 の定めにしたがって、信託財産の価額と同額と考えることが妥

34　笹島修平『信託を活用した新しい相続・贈与のすすめ』272 頁
35　遠藤英嗣『全訂　新しい家族信託』131 頁
36　笹島修平『信託を活用した新しい相続・贈与のすすめ』272 頁

当でしょう。

◆ 収益受益権の評価額が信託財産の価額を超える場合

元本受益権の価額＝ゼロ
収益受益権の価額＝信託財産の価額

7

課税（応用）

信託と相続税における債務控除の問題

1 抵当権が付いた不動産を民事信託することはできるか

　銀行からの借入れによりアパートなどを建設した場合、通常、銀行はその対象である建物と土地に抵当権を設定します。では、そのような抵当権付きの不動産を信託することはできるのでしょうか。

　結論としては、抵当権者である銀行の承諾があれば、信託することはできます。

　信託する場合、その不動産の名義を受託者にしますが、これは、抵当権付きの不動産の所有権を借主である委託者から受託者に移転するということです。この場合、銀行の承諾が必要です。借入れの契約内容（抵当権設定契約）において抵当権付きの不動産の所有権を移転する場合には、抵当権者である銀行の承諾が必要であることになっていることが通常であるからです。また、借主がこの契約内容に違反すると、期限の利益を喪失する（＝一括返済を求められる）という契約になっていることが通常です。したがって、銀行等の承諾が必要になるのです。

　そうすると、次の問題は、銀行から承諾を得ることができるか否かです。

　抵当権付きの不動産を信託した場合、抵当権付きの不動産の所有権を受託者が持つことにより、家賃収入が受託者名義の口座に入金されることが通常です。この場合、借入れの返済が滞った際に家賃が入金される口座を銀行が凍結して（差し押さえなどして）、借入金と即座に相殺できなくなります。家賃が入金される口座の名義は受託者であるので、借入人の名義とは異なるからです。このような理由により、抵当権付きの不動産を信託しようとしても、抵当権者である銀行から拒否される可能性も考えられます。

しかし、抵当権の効力は、その対象不動産が生み出す家賃に及びます[37]。したがって理屈上は（法律的には）、抵当権付きの不動産を信託しても、銀行にとってリスクが大きくなるわけではありません。この点を銀行に理解してもらえれば、抵当権付きの不動産を信託することにつき、銀行から承諾を得ることができるでしょう。実際、筆者の実務経験上、銀行との交渉の結果、家賃収入が受託者名義の口座に入金される場合でも銀行から承諾を得ることができた例があります。

　銀行と交渉が成立すれば、借入れは委託者に残したまま、抵当権付きの不動産を信託することになります。その結果、借入れは信託の外に置いたままとなります。このような状態を一般に「信託外借入」と呼びます。

　信託外借入の場合は、借入れの名義は委託者のままであり、借入れの返済も引き続き委託者名義の口座から行われます。さらに、委託者が死亡した際、委託者に関する相続税については、通常の相続と同様に借入れについて債務控除ができます[38]。債務の帰属先は、あくまでも、委託者であるからです。ただし、委託者が死亡した場合は、銀行と協議の上、借入れを承継する（債務承継）手続きが必要となります。

---

[37]　平成元年 10 月 27 日最高裁判決では、賃借人が供託した賃料の還付請求権についても抵当権を行使することを認めても抵当権設定者の使用収益権を害さないことを理由に、抵当権は賃料債権に及ぶとの判断をした。

[38]　信託外借入であることの他に、債務控除ができるための要件として、債務の負担者は債務を実際に負担する相続人もしくは包括受遺者であること、および、債務は確実と認められるものであることの要件を満たす必要がある。

◆ 信託外借入

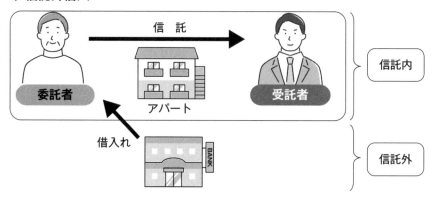

2) 信託内借入

　もし、信託外借入について銀行が承諾してくれない場合は、どうすればよいのでしょうか。この場合、信託するとともに借入れを受託者が引き継ぐことが銀行の承諾を得る一つの方法として考えられます。

　しかし、ここで問題があります。借入れを信託財産として含めることができないことです。信託財産は、プラスの財産（積極財産）を前提としており、マイナスの財産（＝借入れ等の債務）は、信託財産とはならない（債務は信託の対象財産ではない）からです。

　では、どうすれば銀行の承諾を得ることができるでしょうか。

　マイナスの財産（＝借入れ等の債務）は、信託できないとしても、債務を受託者に移転させることは可能です。これを債務引受といいます。債務引受は、債務者が負担する債務と同一の内容の債務を契約によって第三者が負担する制度です[39]。つまり、銀行からの借入れを受託者へ債務引受させることで、銀行は信託を承諾する可能性が高まります。

39　成田一正「委託者兼受益者に相続が発生した場合の債務控除」

なお、債務引受は2種類あります。併存的債務引受と免責的債務引受です。

　併存的債務引受とは、債務が当初の債務者と債権者以外の人へ移転しますが、移転後も当初の債務者が引き続き債務を負担する形態の債務引受です。つまり、債務を移転した当初の債務者と債務を移転された第三者の両者に債務が併存する債務引受の形態です。

　免責的債務引受とは、債務が当初の債務者から債権者以外の人へ移転し、当初の債務者が債務を負担しなくなる形態の債務引受です。

　併存的債務引受と免責的債務引受のいずれであっても、受託者が債務引受をするということは、信託内に借入れ（債務）を取り込んで、受託者が受託者名義で借り入れ、受託者が返済を行うことになります。これを「信託内借入」と呼びます。このような信託内借入であれば、借り入れの名義は受託者となり、借入れの返済は受託者名義の口座から行われます。すなわち、家賃の入金口座である受託者の名義の口座から借り入れの返済が行われることが通常となるため、銀行の承諾を得ることができる可能性は高くなると思われます。

◆ 信託内借入

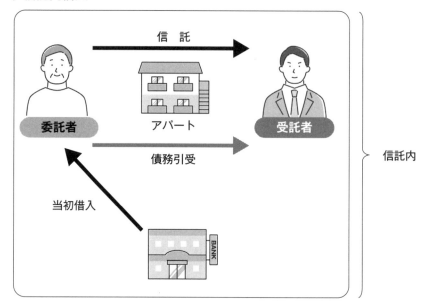

　信託内借入は、上記のように、もともと借入れがある抵当権付き不動産を信託する場合だけでなく、遊休地などに信託を設定した後で、受託者が借入れをして建物を建築する場合に多く活用されます。この場合は、信託内借入で借り入れた金銭は、受託者が管理する信託財産となるため、以後の建築手続き等はすべて受託者が行い、その後の返済手続きもすべて受託者が行うことになります。

3　信託内借入と相続税の債務控除の問題

　信託内借入では、信託が設定されていない場合と同様にその借入れについて相続税に関する債務控除ができるのか、という問題があります。

（ア）債務控除が問題となる理由
　相続税の節税策の典型例として、賃貸用の建物（賃貸アパートなど）を借入金で建築することがよく行われています。この場合、賃貸

不動産（賃貸建物およびその敷地）の評価額より借入金債務の方が大きい場合に節税効果が高くなります。賃貸不動産の価額を超える借入金債務がある場合、賃貸不動産の価額から引き切れない借入金は、賃貸不動産以外のその他財産から債務控除できるからです。

◆ 通常のケース

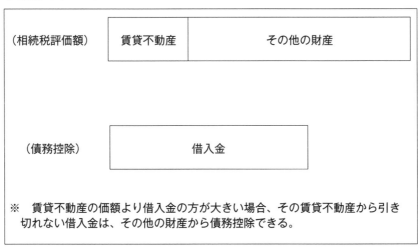

出典：成田成一「委託者兼受益者に相続が発生した場合の債務控除」66 頁の図表を修正

　一方で、もし、賃貸不動産を受益者連続型信託ではない信託で設定し、その信託が終了する場合、かつ信託財産の価額より信託内借入の額が大きい場合、信託財産である賃貸不動産の価額から引き切れない借入金の額は、賃貸不動産以外のその他財産から債務控除ができないという見解があります[40]。

_____

40　成田一正「委託者兼受益者に相続が発生した場合の債務控除」73 頁

◆ 信託のケース

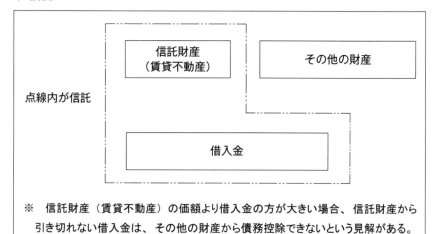

※　信託財産（賃貸不動産）の価額より借入金の方が大きい場合、信託財産から引き切れない借入金は、その他の財産から債務控除できないという見解がある。

出典：成田一正「委託者兼受益者に相続が発生した場合の債務控除」67頁の図表を修正

　このような見解は、相続税法9条の2第4項と第6項の規定の内容を根拠としています。

　まず、相続税法9条の2第4項は、受益者等の存する信託（受益者連続型信託以外の信託）が終了した場合、信託財産の帰属権利者等が信託終了時の受益者等から遺贈等により信託の残余財産を取得したものとみなすと定めています（条文は104頁参照）。

　また、相続税法9条の2第6項は、信託の受益権を遺贈等により取得したものとみなされた者（信託財産の帰属権利者または残余財産受益者がそれに該当し、以下「帰属権利者等」といいます）は、当該信託に属する資産および負債を取得し、または承継したものとみなすと定めています。つまり、信託財産の帰属権利者等は、信託に属する負債も承継すると定めています。この定めからは、一見すると、信託が設定されていない場合と同様に債務控除ができると解釈できそうです。

> 第１項から第３項までの規定により贈与又は遺贈により取得した
> ものとみなされる信託に関する権利又は利益を取得した者は、当該
> 信託の信託財産に属する資産及び負債を取得し、又は承継したもの
> とみなして、この法律（略）の規定を適用する。（略）

　しかし、相続税法９条の２第６項の冒頭には「第１項から第３項までの規定により」との文言があります。この第６項が適用されるのは、相続税法９条の２第１項から第３項であって、第４項（＝受益者連続型信託ではない信託でその信託が終了した場合）は除かれています。この理由は第４項の内容にあると考えられます。

　第４項は信託が終了した場合の規定ですが、「信託財産」を遺贈等により取得した者については規定していません。「残余財産」を遺贈等により取得した者について規定しています。残余財産とは、信託終了時の受託者（清算受託者）が清算手続きを行い、信託終了時に残っている借入金等の債務の弁済をした後の残った財産のことです。このことから、第４項は、信託終了時には債務がない残余財産を取得したことを前提として規定していると考えられます。

　以上のように、第４項は債務がない残余財産に関する規定であることから、信託財産に属する債務の承継について規定している第６項は第４項を除いていると考えられます[41]。ここで、第４項に定める残余財産の文言から、マイナスの残余財産というものは想定されていないことが問題となります[42]。

（イ）「信託財産≦信託内借入」の場合

　残余財産とは、信託財産から信託内借入を弁済した後の残った財産

---

[41]　信託終了時には債務がない場合を前提としているならば、信託財産の価額より債務の価額が大きい場合、つまり、債務超過の場合は、残余財産を取得することは観念できないが、この場合は、清算ではなく破産手続きへと移行することになる（信託法179条）。

[42]　坂田真吾「信託内借入の債務控除に関する一考察」162頁

であり、単純に考えると、信託財産の価額より信託内借入の額が大きい場合は、残余財産の額はマイナスになってしまいます。

とはいえ、マイナスの残余財産というものは想定されていませんので、信託財産の価額より信託内借入の額が大きい場合は、残余財産はマイナスにはならず「ゼロ」になると考えることしかできません。言い換えると、信託財産から引き切れない信託内借入は、切り捨てられると考えられます[43]。その結果、信託財産から引き切れない信託内借入は、債務控除ができないとの結論になります[44]。

（ウ）「信託財産＞信託内借入」の場合

一方、信託財産の価額より信託内借入の金額が小さい場合は、債務控除の問題は生じません。残余財産とは信託財産から信託内借入を弁済した後の残った財産であり、債務控除という形ではなくとも、借入金を控除した後の金額が残余財産の金額として相続税の課税価格が計算されるからです[45]。

（エ）「信託財産≦信託内借入」の場合、債務控除ができないその他の見解

「信託財産≦信託内債務」の場合、信託財産から引き切れない信託内借入は債務控除ができないという見解について、上記（ア）（イ）の他にも根拠があるとの見解もあります。信託財産の価額より信託内借入の額が大きい場合、信託財産から引き切れない借入金は、その借入金を承継した帰属権者等にとっては「確実と認められるもの」とい

---

[43] 信託法179条1項では、「清算中の信託において、信託財産に属する財産がその債務を完済するのに足りないことが明らかになったときは、清算受託者は、直ちに信託財産についての破産手続開始の申立てをしなければならない。」と定めている。この定めから、信託法上は、信託財産の価額より信託内借入の額が大きい場合は、破産開始手続きに向かうことになる。破産手続きの場合、信託財産から引き切れない信託内借入は、切り捨てられると考えられる。

[44] ただし、笹島修平『信託を活用した新しい相続・贈与のすすめ』259頁では、信託財産の価額より信託内借入の借入金債務の額が大きい場合でも信託財産から引き切れない借入金債務の額は債務控除ができることが前提での記載がある。

[45] 坂田真吾「信託内借入の債務控除に関する一考察」162頁

えないから債務控除はできない、という見解です[46]。

しかし、帰属権利者等が借入金を承継するには、借入先の銀行等において債務承継の手続きをします。その際、その銀行等は、信託財産の価額を限度として債務承継することを認めるとは考えられません[47]。銀行等としては、借入金が信託財産の価額を超える部分について、貸し倒れになるリスクを負うからです。信託内借入を承継した帰属権利者等は、必ず、借入金の「全額」を承継することを銀行等から求められます。したがって、債務を承継した帰属権利者等にとっては、借入金の「全額」が確実な債務とならざるを得ません。そうしないと、銀行等は債務承継を認めないはずです[48]。

したがって、信託財産から引き切れない借入金が「確実と認められるもの」といえないという見解は、実際問題として該当する場面はないものと考えます。

（オ）本当に債務控除はできないのか（残余財産の解釈）

信託内借入の額が信託財産の価額より大きい場合、その信託財産の価額から引き切れない借入金は債務控除できるのか否かという問題は、相続税法9条の2第4項において使用されている残余財産という文言の解釈に集約されると思われます。

例えば、残余財産を一般的な意味で解釈しなければ、債務控除はできる可能性があります。一般的な意味である「債務を弁済した後の残りの財産」と解釈せずに、信託財産とともに信託内借入を承継した場合にその信託財産と信託内借入のそれぞれが"残余財産"であると解

---

[46] 成田一正「委託者兼受益者に相続が発生した場合の債務控除」73頁では、「債務控除できなかった価額は控除できないと考えられます。債務負担者が死亡受益者の相続人で、信託財産以外の死亡受益者の財産を相続した場合において、この超過債務をその相続財産から控除することに対しては、死亡受益者債務は死亡時点の直接の確実な債務ではないので、控除できないのではないかと思われます。」との記載がある。

[47] 債務承継を認めるか否かの最終的な決定権は、債権者である銀行等にある。

[48] たとえ、信託契約において債務承継者を指定していたとしても、その債務承継を認めるか否かの最終的な決定権は、債権者である銀行等にあるから、そのとおりになるとは限らない。

釈すれば、相続税法９条の２第４項の解釈として、債務控除ができるとの結論になります[49]。

　ただし、このような解釈は、残余財産の意味を税法独自の意味で解釈することです。このように、税法で使用されている文言の意味を一般的な意味とは異なる意味で解釈するためには、税法において残余財産の定義が定められている必要があります[50]。しかし、現在の税法において残余財産の定義は定められていません。したがって、信託財産と信託内借入のそれぞれが残余財産であると解釈するのは、無理がある解釈です[51]。

（カ）本当に債務控除はできないのか（相続税法９条の２第２項の適用）

　信託契約において、「信託が終了した場合、清算受託者は、信託財産を帰属権利者（または残余財産受益者）へ現状有姿で給付する」と定めるケースはよくあることです。信託終了時に残っている信託内借入を弁済せずに信託財産をそのまま給付するというケースです。

　このような信託財産の給付の仕方は有効です[52]。この場合、帰属権利者または残余財産受益者（以下「帰属権利者等」といいます）は、信託財産を取得するとともに債務も承継するので、一般的な意味での残余財産の給付を受けていないと解釈できます。そうなると、帰属権利者等へは、相続税法９条の２第４項が適用されないと解釈すること

---

[49]　坂田真吾「信託内借入の債務控除に関する一考察」163 頁

[50]　金子宏『租税法』127 頁では、「私法上におけると同じ概念を用いる場合には、別意に解すことが租税法規の明文又はその趣旨から明らかな場合は別として、それを私法上における同じ意義に解することが、法的安定性の見地からは好ましい。」と述べている。

[51]　坂田真吾「信託内借入の債務控除に関する一考察」163 頁では、「『残余財産』という概念はあくまでも（信託法を含む）私法の借用概念である」と述べている。

[52]　信託法 181 条では、「清算受託者は、（略）債務を弁済した後でなければ、信託財産に属する財産を次条第二項に規定する残余財産受益者等に給付することができない。」と規定するが、「清算受託者、残余財産受益者、帰属権利者、すべての債権者の承諾があれば、債務を弁済せずに財産及び債務を残余財産受益者・帰属権利者に承継させることができるとされている。」（坂田真吾「信託内借入の債務控除に関する一考察」165 頁）。

が可能です。

では、相続税法9条の2第4項が適用されないならば、帰属権利者等は、どの条文が適用されるのでしょうか。

結論としては、相続税法9条の2第2項が適用されると解釈できます[53]。

◆ 相続税法9条の2第2項

> 受益者等の存する信託について、適正な対価を負担せずに新たに当該信託の受益者等が存するに至つた場合（第4項の規定の適用がある場合を除く。）には、当該受益者等が存するに至つた時において、当該信託の受益者等となる者は、当該信託に関する権利を当該信託の受益者等であつた者から贈与（当該受益者等であつた者の死亡に基因して受益者等が存するに至つた場合には、遺贈）により取得したものとみなす。

相続税法9条の2第2項には、「適正な対価を負担せずに新たに当該信託の受益者等が存するに至つた場合（第4項の規定の適用がある場合を除く。）」との文言があります。このため一般的には、この条項は受益者連続型信託の場合の規定であると解釈されます。

しかし、この条項は受益者連続型信託ではない信託であり、その信託が終了した場合にも適用できるとする見解があります。

この見解の趣旨は、信託契約において、「信託財産を帰属権利者等へ現状有姿で給付する」と定めた場合は、相続税法9条の2第2項における「適正な対価を負担せずに新たに当該信託の受益者等が存するに至つた場合（第4項の規定の適用がある場合を除く。）」との文言に該当するというものです。

このような見解に至る理由は、以下のとおりです。

まず、信託財産の帰属権利者等は、信託終了直前の受益者から何ら

---

[53] 以下、坂田真吾「信託内借入の債務控除に関する一考察」164-166頁の要旨を記載している。

対価を負担せずに信託財産を取得する者であるといえるのは明らかです。したがって、「適正な対価を負担せずに」という文言に該当します。

　次に、信託財産の帰属権利者は、信託終了後の信託の清算手続き中は受益者として扱われます（信託法183条6項）。また、残余財産受益者は、信託期間中において既に受益者と扱われています（信託法182条1項1号）。したがって、信託が終了した場合は、帰属権利者または残余財産受益者が信託終了前の受益者から新たな受益者になったといえることとなり、「新たに当該信託の受益者等が存するに至った場合」という文言に該当します。

　最後に、帰属権利者および残余財産受益者が「現状有姿」で信託財産の給付を受けた場合は、借入金等の債務の弁済をしないで信託財産の給付を受けるので、一般的な意味での「残余財産」の給付を受けていないといえます。このことから「（第4項の規定の適用がある場合を除く。）」という文言にも該当します。

　以上により、信託財産とともに、信託内債務を承継する帰属権利者もしくは残余財産受益者は、相続税法9条の2第4項が適用されず、相続税法9条の2第2項が適用され、相続税法9条の2第6項を経て債務控除ができるとの結論になります。

（キ）常識的な結論

　上記（カ）の見解（信託財産とともに信託内借入を承継する帰属権利者等は、相続税法9条の2第2項が適用され、相続税法9条の2第6項を経て債務控除ができるとの見解）は、理論的に債務控除ができるという結論に導くことができると考えます。この理論は、税務署等をも納得させられるでしょう。

　しかし、筆者は、常識的に考えても、債務控除が可能という結論は妥当といえるものと考えます。信託が設定されているか否かによって、債務控除の取扱いが異なることに合理的な理由は見い出せないからです[54]。

また、国税庁の法令解釈通達（下記）には、「信託受益権を取得した者の相続税の課税価格の計算上、同項第1号又は第2項に掲げる債務に該当するものとして同法第13条及び第14条（（控除すべき債務））の規定を適用する」と明記されています[55]。この記載を素直に読み取って、信託を設定していない場合と同様に債務控除できると解釈すれば、それで十分ではないでしょうか。

4－2　信託受益権を相続税法第13条第1項（（債務控除））に規定する相続又は遺贈により取得した場合において、当該信託受益権の目的となっている信託財産に帰属する債務があるときは、当該債務は、当該信託受益権を取得した者の相続税の課税価格の計算上、同項第1号又は第2項に掲げる債務に該当するものとして同法第13条及び第14条（（控除すべき債務））の規定を適用するのであるが、この場合における相続税の課税価格の計算上控除すべき債務の範囲については、次の諸点に留意する。

（1）　信託財産に帰属する債務とは、その信託財産の取得、管理、運用又は処分に関して受託者が負担した債務（公租公課を含む。）及び受益者が支払うべき信託報酬（略）をいうこと。

（2）　信託財産に帰属する債務が同法第14条第1項の「確実と認められるもの」であるかどうかは、その信託受益権を相続又は遺贈により取得した時の現況によって判定すること。

（3）　取得した信託受益権が割合をもって表示されているものであるときは、控除すべき債務は、当該信託受益権の目的となっている信託財産に帰属する債務のうち当該信託受益権の割合に相当する部分に限られること。

54　坂田真吾「信託内借入の債務控除に関する一考察」164頁では、「遺言代用信託において債務をそのまま承継する場合には、その分だけ担税力が減少するのは明らかであり、それにもかかわらず、第4項適用説のようにマイナスの残余財産は観念できないとして、債務を考慮せずに相続税課税することはいかにも不合理であろう。」との記載がある。

通達の（１）では信託財産に帰属する債務の定義が記載されています。そこでは、「受託者が負担した債務……」等と定義されているだけです。そこで、この定義を素直に解釈すれば良いものと考えます。つまり「受託者が負担した債務」等であれば、「信託財産≦信託内債務」であっても相続税法第13条および第14条の規定が適用されると素直に解釈すれば良いのではないでしょか。

通達では、相続税法9条の2第4項において使用されている「残余財産」の文言の解釈については触れていませんが、納税者自らがそれ以上深読みする必要はないものと考えます。

ただし、帰属権利者等は、銀行等において債務承継の手続きをしている必要はあるでしょう。そうでなければ、銀行等の借入金が「確実と認められるもの」とはならないからです。

私見ですが、実際に、信託を設定していない場合と同様に債務控除をして申告をしても税務署等がそれを否定することはできないものと考えます。法令解釈の公式な見解が出されておらず、その解釈通達もない現状では、税務署等が債務控除を否定する明確な根拠を示すことはできないからです。

（ク）受益者連続型信託の場合

受益者連続型信託の場合は、債務控除の適用が確実であると考えられます[56]。受益者連続型信託は、相続税法9条の2第2項が適用され、この第2項は、受益者が債務を承継したとみなすと規定する相続税法9条の2第6項が適用されるからです。前述のとおり、相続税法9条の2第6項が適用されるのは、相続税法9条の2第1項から第3項であり、受益者連続型信託が適用される第2項も例外ではありません。

---

[55]　「土地信託に関する所得税、法人税並びに相続税及び贈与税の取扱いについて」（直審5-6ほか。昭和61年7月9日）
https://www.nta.go.jp/law/tsutatsu/kobetsu/hojin/853/04.htm
[56]　成田一正「委託者兼受益者に相続が発生した場合の債務控除」165頁

したがって、相続時において債務控除ができないというリスクを回避するためには、受益者連続型信託として信託を設計にすることで、債務控除は確実にできると考えられます。

第4章

信託課税を踏まえた
民事信託の設計

1. 信託の目的を決める
2. 受託者を決める
3. 法人を受託者とするか検討する
4. 受益者を決める
5. その他の信託の当事者を決める
6. 信託財産を決める
7. 金銭や株式を信託財産とするか決める
8. 信託の期間（始まりと終わり）を決める
9. 信託終了時に信託財産が誰のものになるかを決める
10. 委託者の地位の相続について決める

民事信託を始めるに当たっては、民事信託の骨組みを作る（民事信託を設計する）ため、以下の事項を決めなくてはなりません。

◆ 信託を設計する場合に決めるべき事項

1　信託の目的を決める
2　受託者を決める
3　法人を受託者とするか検討する
4　受益者を決める
5　その他の信託の当事者を決める
6　信託財産を決める
7　金銭や株式を信託財産とするか決める
8　信託の期間（始まりと終わり）を決める
9　信託終了時に財産が誰のものになるかを決める
10　委託者の地位・権利の相続について決める

これらの事項を決めるためには、信託法等を考慮することは当然のことですが、課税上の取扱いを考慮に入れることも重要です。

1 信託の目的を決める

　信託では、信託財産を受託者名義にすることで、受託者に財産の管理・運用を完全に委ねます。この場合、一般的には、委託者と受託者の間で信託契約を締結します。

　信託契約の中で定めるべき一番重要な内容が、信託の目的です。なぜなら、受託者は信託契約に定められた信託目的にしたがって、信託財産を管理・運用しなければならないからです。受託者は、信託の目的の範囲内でのみ、受託者の判断で財産の管理・運用ができます。つまり、信託目的の内容によって、受託者がどのように財産の管理・運用を行うかが変わってしまいます。

　また、信託目的は、将来状況の変化があった場合どのように対応するかという、受託者の判断基準になります。この意味でも、信託の目的をどのように定めるかはとても重要です。

　信託の目的は十人十色ですが、例として次のようなものがあります。

◆ 信託の目的の例

> ・認知症になった場合の受益者である父の生活費・療養費等を確保するための財産の管理運用
> ・受益者である父の安定した生活や父亡き後の家族の生活保障のための財産の管理運用
> ・障害をもつ子の生活費の支給のための財産の管理運用
> ・事業承継の円滑化を図るための自社株の承継
> ・子への円滑な財産の承継
> ・受益者である父の安定した生活と相続対策のための不動産の有効活用

2 受託者を決める

スキーム

　民事信託では、親の財産管理を目的とすることから、子が受託者となることが多いものです。子がいない場合では、甥・姪などの親族が受託者となることもあります。また、一般社団法人などを設立して、その法人が受託者となることも考えられます。それぞれの家族の事情に応じて、適切な受託者を選定する必要があります。

　子を受託者とする場合、注意すべき点があります。例えば、長男と次男がいたとして、もし受託者として長男を選ぶとすれば、次男へ事前に了解をとったうえで信託を行う方が良いという点です。

信託するからよく理解しておいてね！

分かった！　お兄さんに任せるってことだね！

　信託において、信託財産の名義が受託者名義になるので、次男は「委託者である親の財産を長男が独り占めする」という疑いを持つかもしれません。
　また、受託者は財産の管理・運用について大きな裁量を与えられることになります。そうすると、信託の内容を何も知らない他の兄弟姉妹がいる場合、その兄弟姉妹は「自分のあずかり知らないところで勝手に親の財産を利用している」との誤解をするかもしれません。結果、信託が兄弟姉妹の仲違いを引き起こす原因となる可能性があります。

したがって民事信託では、家族全員が納得のできる受託者の人選を行うことが重要です。家族の同意を得ることは、委託者の重要な仕事の一つといえるでしょう。

　もっとも、信託契約自体は、委託者と受託者の2人の合意さえあれば成立するため、法的には他の家族の同意がなくても信託は成立します。しかし、民事信託を将来にわたってスムーズに運営するためには、**家族の同意**も必要と考えるべきなのです。

3 法人を受託者とするか検討する
スキーム

1 法人を受託者とするメリット

受託者を決める際には、法人を受託者とすることも検討すべきです。

法人を受託者とするメリットには、次の（ア）（イ）の2つがあります。

（ア）受託者が死亡するリスクがなくなる

法人には人と違って寿命がありません。日本には千年続いている法人すらあります。つまり、受託者を法人にすれば、受託者が死亡して信託の仕組みが機能停止するリスクがなくなります。

信託は長期的な財産管理を目的とするため、個人よりもむしろ法人が受託者となることが望ましいとさえいえます。

（イ）個人と法人の財産を区別して管理しやすくなる

受託者を家族などの個人とすると、信託財産も受託者がもともと保有している財産も名義が同じであるため、いつの間にか混同されてしまうおそれがあります。この点、受託者を法人とすることで、個人と法人の財産は区別して管理しやすくなります。

このように、区別して管理することを「分別管理」といいます。

分別管理においては、お金の管理が最重要です。実務上は、個人と法人の経理上の処理により、分別管理します。受託者を法人とすることで、個人と法人の経理処理を必然的に区別しなくてはならなくなり、お金の管理が明確になります。

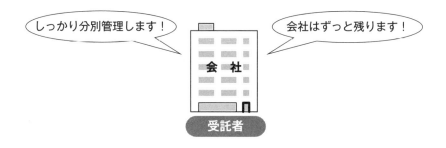

2 株式会社が受託者になること

「法人」ときいて、株式会社を連想する人は多いでしょう。

信託において、株式会社が受託者となることは可能です。

しかし実際には、信託の受託者として、株式会社ではなく一般社団法人を設立し、受託者として活用するケースが多いといわれています。

株式会社を受託者とすることが少ないのは、次の（ア）（イ）の理由のためです。

（ア）株式会社が受託者となることは民事信託の目的に合わない

株式会社は、自社の利益を上げることを目的として活動することを前提とするものです。

これに対し民事信託は、信託を引き受ける受託者が利益を上げることを前提としていません。このため、受託者の家族に報酬を払うことも、通常はありません。

つまり、株式会社が受託者として利益を上げるためには、財産管理の報酬があってしかるべきですが、報酬を得ることで株式会社が利益を上げることは、民事信託の趣旨にそぐわないのです。

（イ）信託業法に抵触する可能性がある

民事信託において、受託者に報酬を支払うことが禁じられているわ

けではありません。したがって、株式会社に報酬を払うことはできます。そうすれば、受託者として利益を上げることができるので、株式会社の目的は達成できます。

　ただ、株式会社が財産管理によって報酬を得る場合、信託業法に抵触するおそれがあります。

　信託業法3条は、信託の受託者となることを「業」として行うためには、内閣総理大臣から免許を受ける必要があること等を定めています。

　単純に考えて、株式会社が受託者となり報酬を得るとき、その会社は「業」として財産管理を行っているといえます。そうであれば、免許を受けることなく受託者となったこと自体が信託業法違反とされかねません。信託業法に違反した場合、3年以下の懲役または300万円以下の罰金が科せられます（信託業法91条）。

　とはいえ、法律上の「信託を業として行う」とは、信託の引受け（受託者となること）を営利の目的をもって、不特定多数の人に、反復継続して行うことをいいます[1]。したがって、ある株式会社が一つの親族の信託の受託者となるだけならば、不特定多数の人に、反復継続して信託の受託者となることにはならず、信託業法に違反しないものと考えられます。

---

[1]　神田秀樹・折原誠『信託法講義』270頁

ただしこのとき、その株式会社が信託の受託者となるのは、あくまで
ある一つの親族の信託においてのみであって、**反復継続して受託者とな
る予定はないということを明確にしておくことが必要です**[2]。

　具体的には、会社の定款に「信託の受託者になることができる」旨を
記載したうえで、例えば「○○家の保有する財産に関する信託の引受
け」というように、受託者としての業務を限定する記載をしておくと良
いでしょう。

3　一般社団法人を受託者とすること

　民事信託においては、株式会社ではなく一般社団法人を受託者とする
方が望ましいとされています。一般社団法人は、株式会社のように利益
の追求を目的としないで設立できるため、民事信託の趣旨に合致するか
らです[3]。

　一般社団法人は、法的要件を満たせば、誰でも登記によって設立でき
ます。

---

[2]　例えば、1回だけ信託の受託者となった場合でも、大々的に信託の引受を宣伝
しておいて、たまたま1回だけ信託の受託者になった場合は信託業法違反とな
り、反対に、反復継続して受託者になっていても、たまたまそうなっただけの場
合（受託者としての信託の引受を行う意思が貫かれていない場合）は、信託業法
違反とならない（神田秀樹・折原誠『信託法講義』271頁）。

[3]　一般社団法人とは、「一般社団法人及び一般財団法人に関する法律（平成18年
法律第48号）」に基づいて設立された社団法人のことをいう。

　なお、社団法人はもともと公益性のある団体を想定した法人であった。そし
て、公益性があるかどうかを国が判定するために、従来の社団法人は設立許可を
必要としていた。しかし、この社団法人が天下りの温床になったり、設立の許可
を得たは良いが実際の活動は公益性が少ない団体も存在した。そこで、公益性の
ある法人は「公益社団法人」、公益目的にこだわらず事業を行いたい場合は「一
般社団法人」と分けようということになり、「一般社団法人及び一般財団法人に
関する法律」という法律が作られ、新たな形態の社団法人として一般社団法人が
設立できるようになった。この法律が施行されて以来、一般社団法人は年々増え
てきている。

民事信託には便利です！

一般社団法人

受託者

　株式会社（設立費用25万円程度）より一般社団法人（15万円程度）の方が安価で設立でき、費用面でもメリットがあります。

4 一般社団法人を受託者とする場合の課税関係

　一般社団法人を受託者として民事信託をする場合、課税関係でもメリットがあります。

　例えば、父親が保有するアパートの管理を一般社団法人に委託するために、そのアパートを信託財産として、一般社団法人を受託者とし、受益者を父親とする次のような信託を設定するとします。

◆ 一般社団法人を活用した信託契約の事例

信託財産	不動産（アパート1棟）
委託者	父親
受託者	一般社団法人
受益者	当初受益者は父親。父親死亡後は子が2次受益者。

　この事例は、信託の契約時には受益者を父とする自益信託です。自益信託の場合、信託設定時の課税については、信託設定により、委託者である父親から一般社団法人に所有権の移転登記をすることによる登録免許税が発生するのみです。その他の課税関係は発生しません。

　仮にこの事例で、信託ではなく売買や現物出資などにより法人へ不動産の所有権を移転した場合、法人へは不動産取得税が課税されます。ま

た、法人への所有権移転の際、父親には不動産の譲渡所得税が課税される可能性もあります。

　一方、信託の場合、信託による所有権移転に伴う不動産取得税は非課税です。また、信託の場合は実質的な所有権は依然として父にあるとみなされるため、譲渡所得税も課税されません。

◆ 一般社団法人を受託者とする場合の課税関係

父：委託者　　　所有権移転　　　受託者

譲渡所得税の課税なし　　　　　　不動産取得税の課税なし

　ただし、父親に相続が発生した場合、2次受益者として子が指定されているので、受益権を承継した子に相続税が課税される可能性はあります。

　なお、このような信託は、遺言によりアパートを子に相続させることと実質的に同様の効果があることから「遺言代用信託」と呼ばれます。

4 受益者を決める
スキーム

　そもそも信託は受益者のために設定されるものであるから、受益者を誰にするかは、考えるまでもないと思うかもしれません。

　しかし、課税上の取扱いを考慮するならば、不用意に受益者を決めるべきではありません。「委託者＝受益者」とする自益信託であれば、受益者に贈与税が課税されることはありませんが、受益者を委託者以外にする他益信託の場合は、信託契約時に受益者に贈与税が課税されるからです。

◆ 贈与税の取扱い

信託の種類	贈与税の取扱い
自益信託（委託者＝受益者）	受益者に贈与税は課税されない
他益信託（委託者≠受益者）	受益者に贈与税が課税される

1 妻のための信託と贈与税

　例えば、「高齢の妻の生活を安定させるために、夫の保有するアパート1棟から得られる家賃収入を妻に与えたい」と考え、そのアパートを信託する場合を想定しましょう。

　この場合、妻のための信託であるとして単純に妻を受益者として信託契約をすると、信託契約時点で妻にアパート1棟を贈与したものとみなされ、妻に贈与税が課税されます。

◆ 信託契約時に妻を受益者とした場合

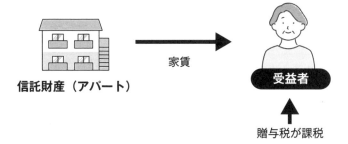

信託財産（アパート）　家賃　受益者

贈与税が課税

　そこで、贈与税の課税を回避する方法として、夫と妻の２人を受益者とし、妻が取得する受益権を「夫の扶養義務の範囲内の受益権の割合」[4]、夫が取得する受益権を「妻が取得する受益権の割合以外のすべて」とすることが考えられます。

　相続税法21条の３第１項２号では、贈与税の課税価格に算入しないもの（贈与税の非課税財産）として、「扶養義務者相互間において生活費又は教育費に充てるためにした贈与により取得した財産のうち通常必要と認められるもの」と定めているからです。

　その後、夫が死亡した際は、夫が取得した受益権が妻に相続される内容の信託（受益者連続型信託）を設定すれば、夫死亡後の妻の生活も保障されます。

2 妻のための信託と贈与税

　ただし❶の方法は、信託設定時に妻に贈与税が課税されないものの、別の問題が生じます。

　妻が取得したのは、夫の扶養義務の範囲内といえども、あくまでも受

4　伊庭潔「民事（家族）信託の現状と課題」４頁（第44回信託法学会 シンポジウム「民事信託の課題と展望」）
　http://shintakuhogakkai.jp/activity/pdf/vol44%20report02.pdf
　　また、遠藤英嗣『全訂　新しい家族信託』363頁において、「扶養義務の範囲内で受益権を取得する」との信託契約の文例が記載されている。

益権です。受益権であるからには、夫と妻には、その受益権に基づいて家賃収入を得る権利があります。このことから、その受益権には経済的価値があると考えることができます。そうすると、所得税と相続税の問題が生じる可能性があります。

　所得税法13条1項は、「信託の受益者（受益者としての権利を現に有するものに限る。）は当該信託の信託財産に属する資産及び負債を有するものとみなし、かつ、当該信託財産に帰せられる収益及び費用は当該受益者の収益及び費用とみなして、この法律の規定を適用する」と定めています。この規定から、夫と妻が保有する受益権の評価額の割合に応じてアパートからの家賃収入を得ているものとみなされると解釈できます。したがって、その家賃収入に対する所得税が、夫だけではなく妻にも課税されると考えられます[5]。

　このとき、信託設定後にアパートから生じる不動産所得について、夫と妻にどのような割合で所得が配分されるのか、計算が困難になるという問題が生じます。

　同様に、夫の死亡時に夫所有の財産に相続税が課税される場合、夫の保有する受益権の評価額が不明確なため、その夫の所有する受益権を相続する妻の相続税の計算が困難になるという問題も生じます[6]。

---

[5]　もっとも、妻が取得する受益権は「夫の扶養義務の範囲内の受益権の割合」であるとの趣旨から、夫がすべての不動産所得を得ていると考え、妻に対して所得税は課税されないと考えても不自然ではないものと思われる。しかし、夫と妻が受益権を取得しているのは事実としてあるので、所得税法13条1項の解釈をどうするかという問題は残るであろう。

[6]　もっとも、相続税についても、妻が取得する受益権は「夫の扶養義務の範囲内の受益権の割合」であるとの趣旨から、妻が取得した受益権の評価額はゼロと考え、夫が取得した受益権の評価額は、信託財産である不動産の評価と同額であると考えても不自然ではないものと思われる。しかし、妻が取得した受益権に経済的価値はあると考えられるから、評価額がゼロと考えることに合理性があるともいえず、また、評価額がゼロと考える明確な根拠もないものと考えられるので、問題は残るであろう。

◆ 妻が取得する受益権について扶養義務の範囲内と定めた場合

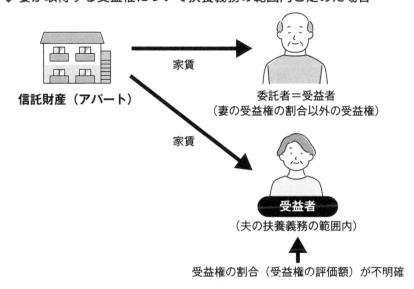

信託財産（アパート）

家賃

委託者＝受益者
（妻の受益権の割合以外の受益権）

家賃

受益者
（夫の扶養義務の範囲内）

受益権の割合（受益権の評価額）が不明確

3 妻のための信託における問題点の解決策

2 のような問題があるため、妻が取得する受益権について「夫の扶養義務の範囲内の受益権の割合」とする方法は不適切といえます。妻の生活保障を目的とするならば、当初は夫がすべての受益権を取得する自益信託とし、受益者である夫が得る収益（家賃収入）から扶養家族である妻へ、受託者が生活費等を渡す方法が良いでしょう。

なお、受託者が受益者以外の者へ信託財産を給付する行為は、受益者のためにのみ財産の管理・処分をすべき受託者の立場と矛盾します。信託法の規定に照らすと、信託財産を受益者以外の者へ給付することは、受託者の忠実義務（信託法30条）違反になることが懸念されます。

しかし、受益者が負う扶養義務に基づいて家族等へ信託財産を給付することは、忠実義務違反にはならないと考えられます。受託者が受益者に代わって扶養義務の履行をしているにすぎないからです。

税務上、この扶養義務の履行は、夫から妻への贈与にならず、贈与税

は課税されません（相続税法21条の3第1項2号）。ただし、受託者は必要な都度、妻に生活費等を渡すことが必要であり、その旨を信託契約に明記しなければなりません。

◆ 夫の自益信託とする場合

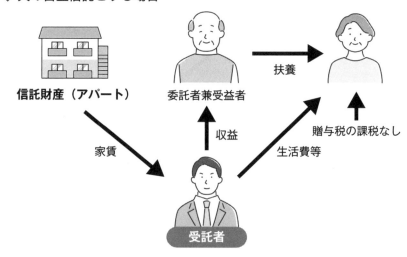

信託財産（アパート）
委託者兼受益者
扶養
収益
贈与税の課税なし
家賃
生活費等
受託者

4　受益者の決定と所得税・相続税

❸のように、夫が委託者兼受益者となる自益信託とし、妻を扶養する形式の信託であれば、所得税について、夫がすべての不動産所得を計上します。当然、妻は不動産所得を計上しません。

また相続税について、夫の死亡時に相続税が課税される場合は、その時に妻が受益権のすべてを取得したものとして取り扱います。この場合、受益権は信託財産の価額と同額となるため、妻は信託財産であるアパートすべてを相続したのと同様に相続税が課税されます。

5 2次受益者まで考慮した場合の受益者の決め方と信託の方法

受益者を誰にするか考える場合、考慮すべき点は他にもあります。

例えば、「自分の死後に妻の生活を保障したい」と考え、自らが保有するアパートを信託して、受益者を妻とする場合を想定しましょう。

この場合、単純に妻だけを受益者とすると考えるのではなく、妻の相続後の2次受益者まで考えなければなりません。夫の死亡時（1次相続時）には、往々にして妻も高齢であり、その先には妻の相続（2次相続）が控えています。

仮に、保有するアパートを夫の死亡時は妻へ相続し、妻が死亡したら長男へ相続するという意向であれば、信託を活用する方法は2つ考えられます。

1つは、受益権を収益受益権と元本受益権に複層化して、収益受益権の受益者を妻とし、元本受益権の受益者を子とする信託です（Ⓐ）。

もう1つは、アパートを信託し、受益権は複層化せず、受益者を妻として、信託終了時の信託財産の帰属権利者を子とする、通常の信託です（Ⓑ）。

◆ Ⓐ受益権を収益受益権と元本受益権に複層化する信託の事例 （夫の死亡時に効力発生）

信託財産	アパート1棟（評価額1億円、収益600万円／年間）
委託者	夫
受託者	長男
受益者	収益受益権者……妻 元本受益権者……長男
信託期間	夫の死亡〜妻の死亡

複層化信託の事例Ⓐは、収益受益権を妻に与え、アパートから得られる収益（家賃収入）を妻の生涯に渡り給付することにより、妻の生活を保障することを目的とするものです。

妻の死亡時（2次相続時）は、元本受益権を取得している長男が、その保有する元本受益権に基づいてアパートの完全な所有権を取得する内容となっています。

◆ Ⓑ通常の信託の事例（夫の死亡時に効力発生）

信託財産	アパート１棟（評価額１億円、収益600万円/年間）
委託者	夫
受託者	長男
受益者	妻
信託財産の帰属権利者	長男
信託期間	夫の死亡〜妻の死亡

　通常の信託の事例Ⓑも、１次相続時は受益権を妻に与えて、妻の生活を保障する目的で信託をするものです。

　妻の死亡時（２次相続時）は、長男が信託財産の帰属権利者となることによって、アパートを長男に承継することができます。

　ⒶⒷいずれも、１次相続後の妻の生活を保証する目的は達成でき、さらに２次相続時にアパートを長男に引き継ぐ結果となる点で、効果に変わりはありません。

　しかし、税務上の取扱いは異なります。

6　２次受益者まで考慮した場合の受益者の決め方と複層化信託

　事例Ⓐでは、夫の死亡時に収益受益権と元本受益権が評価され、それぞれの評価額に対して相続税が課税されます。

　ただしこのとき、収益受益権と元本受益権を評価する方法が通達等で明確化されていません。妻が取得する収益受益権の評価の計算では、その存続期間が基礎となりますが（財産評価基本通達202）、「妻の死亡まで」という信託内容である場合、信託の存続期間をどのようにするのかが明確になっていないのです。

　このような場合、合理的な基準を用いて存続期間を決定するほかないものと考えます。考えられるもっとも合理的な方法は、妻が収益受益権を取得した時の妻の平均余命により計算をすることでしょう[7]。

　仮に、妻が76歳の時に夫の相続が発生し、妻が収益受益権を取得し

た場合、その時点の妻の平均余命は15年です[8]。そうすると、前述の**第3章**①での**事例A**（84頁）と同様、収益受益権と元本受益権を評価することになります。

　評価の結果、**事例Ⓐ**では、収益受益権の価額は8,853万円、元本受益権の価額は1,147万円と計算されました。したがって、これらの受益権の価額に対して、夫の相続時に相続税が課税されます。

◆ **Ⓐ受益者を収益受益権と元本受益権に分割した複層化信託の事例（夫の死亡時）**

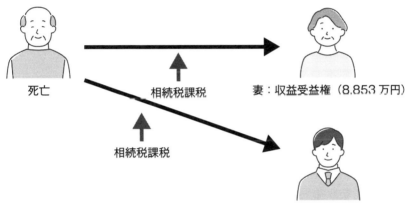

その後、妻の死亡時には、長男がその保有する元本受益権に基づいてアパートの所有権を得ます。妻の死亡時点が、夫の死亡時の妻の平均余命より前の時点である場合は、その死亡時点で妻が保有している収益受益権の価額に対して相続税が課税されます（相続税法基本通達9-13）。

　ただし、妻が保有している収益受益権の評価額は時間の経過とともに下がっているため、その時点で妻が保有している収益受益権の評価額は、当初妻が保有していた収益受益権の価額より下がります。

7　高橋倫彦編著『受益権複層化信託の法務と税務』41頁
8　厚生労働省が公表する令和元年の簡易生命表によると、76歳の女性の平均余命は15.15年である。
　https://www.mhlw.go.jp/toukei/saikin/hw/life/life19/dl/life19-07.pdf

◆ Ⓐ受益者を収益受益権と元本受益権に分割した複層化信託
　（妻の死亡時点が妻の平均余命より「前」の場合）

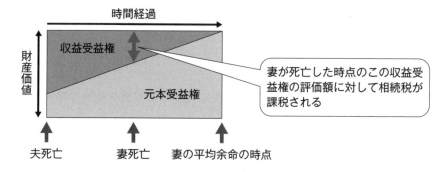

仮に、妻の相続の発生が妻の平均余命の時期より後であれば（＝夫の相続時から15年以上経過した後であれば）、その時点で妻が保有している収益受益権の評価額はゼロになっています。したがって、妻の死亡の際、長男がアパートの所有権を取得し、長男に対して相続税が課税される場合であっても、その収益受益権の評価額がゼロであるため、収益受益権に対して相続税は課税されません。

◆ Ⓐ受益者を収益受益権と元本受益権に分割した複層化信託
　（妻の死亡時点が妻の平均余命より「後」の場合）

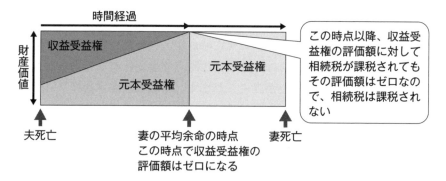

7 　2次受益者まで考慮した場合の受益者の決め方と受益者連続型信託

一方の事例Ⓑは、通常の信託であり、税務上の取扱いも明確です。

夫の死亡時には、アパートの価額1億円について妻に相続税が課税されます。

その後、妻の死亡時には、長男がアパートの所有権を取得するため、アパートの価額である1億円に対して再度相続税が課税されます。

つまり、信託が設定されていない場合に「夫➡妻➡長男」へとアパートが相続された場合と同様に、相続税が課税されます（詳細は**第2章**を参照）。

◆ Ⓑ通常の信託の場合

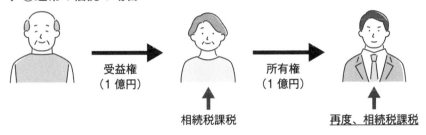

以上の通り、「妻の生活を保障する」という目的の信託は、採用する信託の形式によって課税関係が異なります。

Ⓐ複層化信託では、2次相続までを考える場合、2次相続時に長男に相続税が課税されない場合があり得るので、アパートに対する相続税の課税が1回で終わる可能性があります。

一方、Ⓑ通常の信託では、アパートに対する相続税は、1次相続時に妻に対して課税され、2次相続時に再び長男に対して課税されます。

ⒶⒷいずれの方法が良いかの判断には、相続税の配偶者の税額軽減や小規模宅地等の特例など種々の条件の考慮が必要ですが、基本的にはⒶの方が課税上有利になる傾向にあります。

いずれにしろ、信託目的だけで考えて、受益者を安易に決めるべきではありません。受益者を決める際には、税務上の有利・不利を勘案し、信託の形式も含めて、どのような信託契約とするか決める必要があるといえます。

◆ 受益者の決定時の検討事項

・信託目的にしたがって単純に受益者を決めて良いのか

・受益者の決め方によって税金上の有利・不利はあるか

・信託契約時には誰を受益者とするか

・委託者や受益者の相続時には誰を受益者とするか
　（２次受益者まで決めるか）

その他の信託の当事者を決める

　民事信託では、委託者、受益者、受託者以外にも登場人物がいます。「受益者代理人」と「信託監督人」です[9]。

　これら当事者についても、必要に応じて決めていきます。

1　受益者代理人

　受益者代理人とは、受益者が信託に関する意思決定や受託者の監督を事実上できないというとき、受益者に代わって権利を行使する権限を与えられた人です[10]。

　受益者代理人は本来、受益者が時々刻々と変更されたり、受益者が不特定多数であったりして、受益者による権利行使が困難な場合に選任されることを想定したものです[11]。とはいえ民事信託において、受益者が時々刻々と変更するようなことなど、通常はありません。そのため一見、民事信託において受益者代理人など不要とも思えるところですが、実際には次のような場合に必要となります。

　民事信託が家族を中心に運営されるという性質上、往々にして受益者は信託に関する法律知識などには疎いものです。その場合、信託の適正

---

[9]　信託の登場人物としては、「受益者代理人」または「信託監督人」以外に「信託管理人」もある。「信託管理人」とは、将来生まれる子を受益者として指定した場合など、受益者が不存在の場合に受益者が有する信託法上の一切の権利を行使する権限を有する者である。ただし、民事信託においては、税務上不利であるため、受益者が不存在である信託を設定することはほとんどないものと想定されることから、本書では説明を割愛する。

[10]　神田秀樹・折原誠『信託法講義』157 頁

[11]　遠藤英嗣『全訂　新しい家族信託』246 頁

な運営を確保するためには、受託者がきちんと運営しているかを監視することが重要です。

この監視役は、信託から直接利益を受ける受益者がもっとも適任です。しかし、例えば受益者が認知症になり判断能力が失われたり、未成年者であったりする場合には、受託者を監視することなど望めません。

そこで、受益者代理人を立てることで、受託者の監視役とするわけです。

ただし、受益者代理人の選定に当たっては、受益者代理人の権限が強力であることに注意が必要です（信託法139条1項）。権限が強力であるがゆえ、受益者代理人にはメリットとデメリットがあります。

メリットは上記のとおり、受益者代理人によって、受益者の立場が強力に守られることです。

デメリットは、たとえ受益者が元気なときであっても、受益者は（一部行為を除き）権利の行使ができなくなることです（信託法139条4項）。場合によっては、受益者代理人を設定してしまったことで不便になるということもあり得るのです。

2 信託監督人

そのため、受益者代理人の代わりに同様の役割を担う者として、信託監督人を検討する余地が出てきます（信託法131条1項）。

信託監督人とは、受託者の信託事務の処理状況などを監視・監督をするために受益者が有する権利を行使する人です[12]。受益者代理人と同様、受益者に代わって信託の運営状況を監視する人として、信託監督人を置くこともできます。

受益者代理人と信託監督人は、「受託者を監視する」という意味でその役割は同じですが、信託法で与えられている権限の範囲に違いがあります。

---

[12] 神田秀樹・折原誠『信託法講義』157頁

繰り返すようですが、受益者代理人は受益者の権限の一切を持っており、その権限はとても強力です。

　一方で信託監督人は、信託法で定められた権限のみを持っているに過ぎません[13]。言い換えると、信託監督人を選任する場合、受益者代理人の場合と比べ、受益者の権限が広くなります。

　受益者代理人と信託監督人のどちらが良いとは一概にいえません。以上をふまえ、状況によって個別に判断します。

◆ 受益者代理人と信託監督人

	権限	メリット	デメリット
受益者代理人	広い	受益者の保護の程度が強い	受益者の権限が狭い
信託監督人	限定的	受益者の権限が広い	受益者の保護の程度が弱い

---

[13]　信託法132条では、「信託監督人は、受益者のために自己の名をもって<u>第92条各号（第17号、第18号、第21号及び第23号を除く。）に掲げる権利に関する</u>一切の裁判上又は裁判外の行為をする権限を有する。ただし、信託行為に別段の定めがあるときは、その定めるところによる。」と定める（下線は筆者追記）。受益者代理人の権限に関する定め（信託法139条1項）と比較すると、<u>下線の箇所</u>について権限を持つという文言がある点の違いがあり、権限が限定されている。

6 信託財産を決める
スキーム

　信託の当事者が決まったら、次は受託者に委託する財産の種類などを定めます。

　信託と似た制度に法定後見制度がありますが、法定後見制度では、被後見人の有する財産すべてが対象となります。

　一方、民事信託の場合、受託者に預ける財産を指定する必要があるのです。

◆ 信託財産の選択事例

信託する前	
自　宅	2,000万円
アパート	5,000万円
預　金	2,000万円
株　式	1,000万円
合　計	1億円

→

信託した後			
信託財産		信託財産以外	
		自　宅	2,000万円
アパート	5,000万円		
預　金	1,000万円	預　金	1,000万円
		株　式	1,000万円
合　計	6,000万円	合　計	4,000万円

　上の表のように、自宅2,000万円とアパート5,000万円、預金2,000万円と株式1,000万円を持っている親が子と信託契約を締結する場合、これら財産の中から信託財産として設定する財産の種類や金額を指定します。例えば、アパート5,000万円と預金2,000万円のうち1,000万円を信託財産として設定する場合、両者について受託者が管理・運用することになります。信託財産として設定しなかった自宅2,000万円、預金1,000万円、株式1,000万円は、受託者の管理・運用の対象外です。

　なお、自宅とアパート、預金、株式のすべてを信託財産とすることも、法律上は問題なくできます。しかし実務上は、すべての財産を信託財産とすると困難な問題が生じます。

7 スキーム 金銭や株式を信託財産とするか決める

　信託をするにあたっては、手続き上、信託財産を受託者名義に変更します。その際、不動産については、信託財産として受託者への名義変更の登記ができます。このため不動産については、同じ受託者の名義であっても、受託者の固有財産と信託財産の区別が明確にできます。

　しかし、預金や株式については、受託者の固有財産と信託財産との区別（分別管理）が実務上難しい場合があります。

　繰り返しますが、信託では、信託財産を受託者名義にします。このとき、「受託者の固有財産」と「信託財産」は、ともに受託者の名義になります。したがって、両者を分別管理しないことには、両者が混在してしまい、受託者が信託された財産を自分のものとして流用する懸念が生じます。このため分別管理は、受益者の利益を守るため、非常に重要です。

　また、万が一受託者が破産や死亡した場合にも、分別管理が重要となります。分別管理がなされていれば、信託財産は受託者個人の固有財産と法的に切り離されるため、破産・死亡の影響を受けずにすむからです。

　逆にいうと、分別管理がなされていない場合、破産であれば債権者に信託財産を差し押さえされる可能性が生じます。同様に死亡の場合、受託者の相続財産と扱われて凍結されてしまうことも考えられ、また、受託者の相続人に権利を主張され、トラブルになる可能性も生じます。

◆ 分別管理の必要性

> ・受託者の固有財産との混在を防ぎ、受益者を保護する。
> ・受託者の破産や相続発生の際、トラブルを防ぐ

　以上の理由から、信託財産を分別管理するための手続きが重要になります。

　例えば、預金を信託財産とする場合、その預金口座の名義を単に受託者の名義とするのではなく、信託専用の口座として「委託者A＿受託者B＿信託口」という名義にすることにより、受託者の固有の財産と受託者が管理する信託財産とを区別する方法が考えられます。

　ただし、せっかくそのような名義の口座を開設したとしても、実質的に信託口座として取扱いができない可能性があります。その口座を開設した銀行などの金融機関が、信託財産として認識してくれない可能性があるからです。

　金融機関が信託財産として認識していない場合（個人事業主の屋号や、受託者の固有財産としての個人口座と同様に扱われる場合）、事実上、受託者の固有財産との分別管理ができていないことになり、受託者の死亡時に受託者の相続財産と扱われて凍結されてしまったり、受託者個人の債権者から差し押さえの対象とされてしまうことがあり得ます。

◆ 信託口口座の必要性

> ・受託者個人の債権者は受託者の固有財産のみ差し押さえができるのみで、信託財産に対して差し押さえはできない。
> ・受託者が死亡しても信託口口座は凍結しない。

　したがって、預金を信託財産とする場合、まず信託専用の口座として認識してくれる金融機関を選択する必要がありますが、残念ながら、現実的にはなかなか難しいのが実情です。民事信託のための信託専用の口座開設に対応してくれる金融機関は、極めて少ないからです。

　本書執筆時点で筆者が調べた限りでは、民事信託のための信託専用の口座開設に対応しており、かつ、全国に支店がある銀行は、三井住友信

託銀行だけのようです。

インターネット取引が中心の銀行では、オリックス銀行が民事信託のための信託専用の口座開設に対応しています。インターネット取引が中心の銀行ですから、全国どこでも口座開設は可能です。ただし、ネット銀行であるため、信託専用として預金口座を開設しても通帳やキャッシュカードが発行されず、また口座からは公共料金、クレジット代金などの自動支払い（口座引落し）ができないといった制限があります[14]。

その他、城南信用金庫、西武信用金庫、栃木銀行、横浜銀行、千葉銀行などが対応しているようです。ただし、これらの銀行は全国的に支店等を展開しているわけではないので、利用できる人は限られます。

株式を信託財産とする場合も同様です。信託専用の証券口座の開設に対応する証券会社も、あまり多くはありません[15]。

対応している数少ない証券会社にしても、「信託専用の口座を作成できるのは自益信託のみ」という制限がある証券会社がほとんどです。ほかにも、一代限りの信託しかできない（受益者連続型信託では信託口座は作成できない）など、いくつもの制限があります[16]。これでは、信託内容を決めることが難しいというものです。

以上のように、不動産以外を信託財産とするには制限が多いのが現状です。預金や株式などについても、将来のトラブル防止などのため、**信託専用口座にて分別管理することが理想**ですが、実務上できない可能性が大きいのです。

現状においては、やむを得ず、受託者個人名で信託に関する口座として新規口座を作成するしか対応方法がないかもしれません[17]。あるい

14　https://www.orixbank.co.jp/personal/deposit/edirect/account.html
15　大手証券会社で民事信託の口座開設に対応しているのは、野村證券、大和証券である（2021年8月現在）。その他の証券会社としては、楽天証券、SBI証券などがある。
16　以上の口座作成の条件などは、筆者の実務経験の中で証券会社に相談した際にヒアリングにより得た情報である。また、「大和証券株式会社の取扱い」家族信託実務ガイド17号12頁（日本法令、2020）。

は、預金や株式などは信託財産から外さざるを得ないという結論を出すこともあり得るところです。

17　信託法においては、民事信託専用の口座で預金等を管理することを求めているわけではなく、分別管理を求めているだけであるので、受託者個人名で信託に関する口座として新規口座を作成しても、信託法に定める分別管理を行っていれば、法的には受託者の義務は果たしているといえる。

8 スキーム 信託の期間（始まりと終わり）を決める

1 信託の開始

　信託の始まりは「信託契約を締結した日」と考えるのが自然です。とはいえ、始まりの時期を契約締結日より後にすることもできます。

　例えば、認知症対策で信託をする場合には、「委託者が認知症であると医師が診断した時に信託契約の効力が発生する。」と定めることがあります。

　信託契約は、委託者本人が元気なときでないと締結できません。契約とは、そもそも本人の意思があって初めて成立するものです。本人が認知症等になれば、その意思が表せず、契約自体が成立しません。契約を先延ばしにしているうちに認知症になれば、もはや信託契約は不可能です。

　そのため、本人の元気なうちに契約をし、契約の効力を「本人が認知症になった時」と定めるわけです。

　信託の効力を信託契約日より後にする例として、「委託者が死亡した時に信託契約の効力が発生する。」とするパターンもあります。

　このように、信託契約締結の日と信託契約の効力が発生する日をずらすことで、税務の取扱いが変わります。

　例えば、妻のために信託をするため、妻が受益者となったとします。この場合、信託契約日に契約の効力を発生させると、その時点で信託財産を妻に贈与したとみなされ、信託財産全体の評価額を基準として妻に贈与税が課税されることになります。

そこで、贈与税を回避するため、契約の効力発生を委託者である夫の死亡時とすることが考えられます。そうすると、妻には相続税が課税されることになり、税務上有利になる可能性があります（贈与税より相続税の方が税負担が軽くなると想定）。

2 信託の終了

信託期間を定めた場合、その期間の終了時が、信託の終わるときです。例えば、信託期間を信託契約から10年と定めた場合は、文字どおり10年後ですので明確です。

とはいえ、実際に多いのは次のような決め方でしょう。

◆ 信託期間の終了の例

> ㊀受益者が死亡したとき
> ㊁委託者、受益者、受託者の全員が本信託の終了に合意したとき
> ㊂信託財産が消滅したとき
> ㊃その他法令による定めがあるとき

㊃の「法令による定めがあるとき」とは、信託法163条に定められた事項です。同規定では、「信託の目的を達成したとき、または信託の目的を達成することができなくなったとき」「受託者が欠けた場合であって、新受託者が就任しない状態が1年間継続したとき」などが定められています。

9
スキーム

信託終了時に信託財産が誰のものになるかを決める

　終了時をいつにするかはそれほど問題にはなりませんが、信託終了時に信託財産が誰のものになるかについては税務上のポイントがあるため、注意を要します（以下、既出の内容と重複する部分もありますが、重要な点であるため再確認します）。

　税務上のポイントとは、「信託財産は受益者が所有しているものとみなされている」という点です。すなわち、信託財産の所有権は法律上は受託者にあるが、税務上は受益者にあるものとみなしている点に注意が必要です。

◆ 信託財産の帰属者

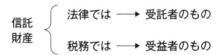

信託
財産
　　法律では　──→　受託者のもの
　　税務では　──→　受益者のもの

　このことから税務上、贈与税に注意する必要があります。

　信託終了時に受益者となっている者が信託終了時の信託財産の所有者となれば、実質的に信託財産の異動はないので、贈与税の問題は生じません。

　しかし、信託終了時に信託財産の所有者になる者（帰属権利者等）が信託終了時の受益者以外の者となった場合は、受益者から信託終了時の信託財産の所有者になる者に信託財産が贈与されたものとみなされ、その者に信託財産の評価額に対して贈与税が課税される可能性があります。

◆ 信託終了時の信託財産の所有者と税務上の取扱い

信託終了時の信託財産の 所有者になる者	税務上の取扱い
受益者	課税関係なし
受益者以外	帰属権利者に贈与税が課税される

　なお、信託終了時に信託財産の所有者となるのは、信託法上、「残余財産受益者」と「帰属権利者」の2者です。それぞれの用語の定義は次のとおりです（信託法182条1項）。

◆ 残余財産受益者と帰属権利者の定義

> ・残余財産受益者とは、信託行為において残余財産の給付を内容とする受益債権に係る受益者となるべき者として指定された者（信託法182条1項1号）
> ・帰属権利者とは、信託行為において残余財産の帰属すべき者となるべき者として指定された者（信託法182条1項2号）

　残余財産受益者と帰属権利者は、信託終了時に信託財産の帰属者として信託行為（信託契約）において指定される者である点では同じ存在です。

　法的な違いは、残余財産受益者が信託終了事由発生前から受益者であるのに対し（信託法182条1項）、帰属権利者は信託の清算期間中のみ受益者とみなされる、という点にあります（信託法183条6項）。

　一方、税法においては、残余財産受益者であっても帰属権利者であっても、贈与税に大きな違いはありません。税法において重要なのは、信託終了時の信託財産の所有者が、信託終了直前の受益者か、信託終了直前の受益者以外か、という点です[18]。

---

[18]　ただし、信託期間中においては、「残余財産受益者」はみなし受益者となる可能性があるが、「帰属権利者」はみなし受益者とならないという違いはある。みなし受益者については第2章の⑥（53頁）を参照。

委託者の地位の相続について決める

1 委託者の地位の相続に関する法的問題

　信託では、委託者の死亡が信託の終了事由になるとは限りません。信託の終了事由を委託者の死亡とすることもできますし、委託者の死亡を終了事由にしないこともできます。

　ここで重要なことは、委託者としての地位を契約により委託者の相続人に相続させるか否かです。

　遺言信託（遺言により信託を設定する信託）以外の、通常の信託契約の場合、信託契約により委託者の地位を委託者の相続人に相続させるか否かの定めがないのであれば、委託者の地位は相続人に承継されるのが原則です（信託法 147 条の反対解釈）[19]。この場合、信託の内容がその相続人にとって不利な内容であるときなどでは、信託に関する委託者の権利を適切に行うことができないことが懸念されます。

　信託法上、信託の変更や終了（信託法 149 条、164 条）などは、受託者および受益者の他、委託者の合意がないと成立しません。したがって、委託者に相続が発生し、委託者の地位が委託者の相続人に承継された場合、相続人全員の合意がないと、信託の変更などができなくなる可能性があります。

　このため、委託者としての地位を契約により委託者の相続人に相続さ

---

[19]　信託法 147 条では、遺言信託の場合は「委託者の相続人は、委託者の地位を相続により承継しない。ただし、信託行為に別段の定めがあるときは、その定めるところによる。」と定めている。この条文の反対解釈として、遺言信託以外の通常の信託契約では、委託者の地位は委託者の相続人に相続により承継される、と解されている。

せるか否かを定めることが重要となるのです。

　ゆえに、多くの信託契約では、委託者の相続人と受益者の利害の対立を回避するため、「委託者としての地位は、相続により承継しない」と定めるケースが多いといわれています[20]。

　なお、遺言信託の場合は、委託者の地位は委託者の相続人に相続により承継されないことが原則です（信託法 147 条）。したがって、遺言信託では、信託契約に「委託者としての地位は、相続により承継しない」と定めていない場合でも、信託法の原則に従い、委託者としての地位は相続により承継しません。

◆ 委託者の地位の相続に関する信託法の定め

信託行為	委託者が死亡した場合、委託者の地位を相続するか？	
	原則	例外
遺言信託	相続しない	信託行為に別段の定めがある場合
信託契約	相続する	

　法的な問題だけで考えた場合、ここで話は終わります。

　しかしながら、ここで話が終わってしまうと、不動産を信託財産とした場合の登録免許税の問題が生じるおそれがあります。

2　委託者の地位の相続と登録免許税

　自益信託であって不動産を信託財産とした場合、信託終了の際、信託財産を信託契約等で定めた帰属権利者等に帰属させ、受託者から帰属権利者等へ名義変更登記をします。この名義変更登記の際、登録免許税が課税されます。

　この登録免許税について、信託契約の条項の定め方次第で取扱いが異なる可能性があります。信託契約に「委託者としての地位は、相続によ

20　遠藤英嗣『全訂　新しい家族信託』131 頁

り承継しない」と定めるのではなく、「委託者の地位は、相続により承継せず、受益者の地位とともに移転する」[21]と定めることで、登録免許税を軽減できる特例が適用できると考えられるのです。

◆ 登録免許税を軽減できるようにする信託の条項

> × 「委託者の地位は、相続により承継しない」
> ○ 「委託者の地位は、相続により承継せず、受益者の地位とともに移転する」

3 登録免許税の軽減措置と委託者の地位の問題

　不動産を信託財産とした場合、信託終了時、信託財産を信託契約等で定めた帰属権利者に帰属させる際に、登録免許税が課税されます。

　この登録免許税の税率は通常、信託財産である不動産の固定資産税評価額に対し2%です。

　ただし、この税率について、不動産の固定資産税評価額の0.4%（令和5年3月31日までの時限措置として土地の登記は0.3%）に軽減できる場合があります。軽減できる要件は、登録免許税法7条2項において、次のとおり定められています。

◆ 登録免許税法7条2項（信託財産の登記等の課税の特例）

> 2　信託の信託財産を受託者から受益者に移す場合であつて、かつ、当該信託の効力が生じた時から引き続き委託者のみが信託財産の元本の受益者である場合において、当該受益者が当該信託の効力が生じた時における委託者の相続人（当該委託者が合併により消滅した場合にあつては、当該合併後存続する法人又は当該合併により設立された法人）であるときは、当該信託による財産権

の移転の登記又は登録を相続（当該受益者が当該存続する法人又は当該設立された法人である場合にあつては、合併）による財産権の移転の登記又は登録とみなして、この法律の規定を適用する。

上記の登録免許税法7条2項の要件を整理すると以下の3つです。

● 信託の信託財産を受託者から受益者に移す
● 当該信託の効力が生じた時から引き続き委託者のみが信託財産の元本の受益者である
● 当該受益者が当該信託の効力が生じた時における委託者の相続人である

この要件を満たすために、信託契約を定める場合において注意すべきポイントは、以下の2点です。

◆ 自益信託における登録免許税の軽減措置を適用される要件

㊀ 受益者と共に委託者の地位も移転することが信託契約で定められている
㊁ 信託終了時の信託財産の残余財産帰属権利者が、最後の受益者の相続人である

自益信託の場合、この2点が満たされていれば、信託終了時に受託者から残余財産帰属権利者（＝最後の受益者）に不動産の名義が移る際、登録免許税法7条2項に定める要件である「信託の信託財産を受託者から受益者に移す」場合に、「信託効力発生時から引き続き委託者のみが元本の受益者」であり、かつ、「受益者が信託効力発生時における委託者の相続人」であるという要件に該当すると考えられるため、登録免許税の軽減措置の適用を受けることができると考えられます。

具体的な信託契約の条項としては、「委託者の地位は、相続により承継せず、受益者の地位とともに移転する」という文言を定めることで十分といえます。

4 委託者の地位を受益者が承継した場合の注意点

ただし、❸のように委託者の地位を受益者が承継した場合、注意すべき点があります。委託者および受益者は、いつでも信託を終了させてしまうことができる点です（信託法164条）。

受益者の意思により信託が終了されてしまうと、信託を設定し、信託財産を承継しようとした当初の委託者の意思が実現できなくなるおそれがあります。

そこで、信託契約で受益者単独ではなく、受託者の同意がなければ信託を終了できないよう、「**委託者兼受益者は、受託者の同意があった場合に限り、信託期間中に信託を終了させることができる。**」という条項を定めることも検討すべきと考えます。

このように、信託を設計する際には、委託者の相続人に委託者の権利や地位を承継させるか否か、および登録免許税の負担等を考慮し、細部にわたり信託契約書の内容を決定していく必要があります。

5 複層化信託における登録免許税法7条2項の適用

受益権を元本受益権と収益受益権に分割する複層化信託においては、登録免許税法7条2項の適用はできないと考えます。

複層化信託は、受益権を収益受益権と元本受益権に分割し、それぞれの受益権を別々の者に取得させることを主目的とする信託です。これは、信託設定時において、委託者以外の者に信託財産の元本受益権を与えることが前提になります。

したがって、登録免許税法7条2項に定める「信託の効力が生じた時から引き続き委託者のみが信託財産の元本の受益者である」という要件を満たさないと考えられます。「委託者のみ」という文言がポイントです。

6 不動産取得税と委託者の地位の問題

登録免許税の軽減とほぼ同様のことが、不動産取得税についても当てはまります。

すなわち、自益信託が終了して、信託財産の帰属権利者に不動産の所有権が移転すると、原則として当該帰属権利者に不動産取得税が課税されますが、その帰属権利者が相続人である場合で一定の要件を満たす場合は、不動産取得税が課税されません。

不動産取得税が課税されない要件は、地方税法73条の7に次のように定められています[22]。

◆ 地方税法

（形式的な所有権の移転等に対する不動産取得税の非課税）

第73条の7　道府県は、次に掲げる不動産の取得に対しては、不動産取得税を課することができない。

一　相続（包括遺贈及び被相続人から相続人に対してなされた遺贈を含む。）による不動産の取得

（略）

四　信託の効力が生じた時から引き続き委託者のみが信託財産の元本の受益者である信託により受託者から当該受益者（次のいずれかに該当する者に限る。）に信託財産を移す場合における不動産の取得

イ　当該信託の効力が生じた時から引き続き委託者である者

ロ　当該信託の効力が生じた時における委託者から第一号に規定する相続をした者

（略）

---

[22]　地方税法73条の7の冒頭には「道府県は」とあるので、一見すると東京都の不動産は適用範囲外なのかとの疑義が生じるが、実際には地方税法1条2項で「道府県に関する規定は都に準用する」と定められており、東京都にある不動産についても同73条の7は適用される。

地方税法73条の7の要件を整理すると以下の3つです。

> ㊀ 当該信託の効力が生じた時から引き続き委託者のみが信託財産の元本の受益者である
> ㊁ 当該信託の効力が生じた時から引き続き委託者である
> ㊂ 信託財産の帰属権利者が委託者の相続人である

この要件を見ればわかるように、登録免許税の軽減を受けることができる要件とほぼ同じです。したがって、**2**の条項（173頁）と同じ条項を、信託契約の中で定めていくことで、不動産取得税も非課税になると考えられます。

ただし、その際は都道府県に「不動産取得税非課税申告書」を提出することが必要です[23]。提出がなかった場合、原則どおり不動産取得税が課税されるか、または都道府県から名義変更に関する「お尋ね」が郵送されてくる可能性があります。都道府県は、登記を確認して名義変更があった場合に不動産取得税を課税していますが、信託による名義変更が不動産取得税の非課税要件に該当するか否かは、登記だけでは判別できない場合があるからです。

---

[23] 不動産取得税の軽減措置を受けるためには、不動産を取得してから60日以内に所管する都道府県の税務事務所に申告する必要がある。

◆ 不動産取得税非課税申告書（東京都の例）

🏵 東京都

都税条例施行規則
第50号様式（第12条の3関係）

（提出用）

受付印

不 動 産 取 得 税 非 課 税 申 告 書

東京都　　　　都税事務所長　宛　　　　　　　年　　月　　日
　　　　　　　支　庁　長

　　　　　取得者　住　　　所

　　　　　　　　　氏名（名称）

　　　　　　　　　電　話　番　号　　　（　　　　）

　　　　　　第73条の4第　項第　　号
　　　　　　第73条の5
　　　　　　第73条の6第　項
地方税法　　第73条の7第4号　　　　　　　に規定する不動産を取得したので、
　　　　　　第73条の28第2項
　　　　　　附則第10条第　項
　　　　　　附則第41条第7項

東京都都税条例施行規則第12条の3の規定により、別紙書類を添付して申告します。

土地	所　　在	地　番	地目	地　　　積	取得年月日
				㎡	年　月　日

家屋	所　在　地	家屋番号	種類	構造	床面積	取得年月日
					㎡	年　月　日

摘要	

備考　1　この申告書を提出する場合は、非課税となる事実を証明する書類を添付してください。
　　　2　控に受付印が必要な方は、切手を貼った返信用封筒を添えて提出してください。

第5章

信託の活用事例と課税の取扱い

◆ 事例 1[1]

> 　高齢の母親が自宅に一人暮らしをしていますが、その母親が認知症等になったら、自宅を売却して、老人ホームなどの施設に入居し、売却代金を施設の入居一時金や施設利用料にあてる予定です。
> 　しかし、自宅は母親名義なので、母親が認知症等になったら売却できなくなることが問題点です。

■ 信託による解決策

　自宅を長男に信託することによって、長男が自宅を売却できるようにします。

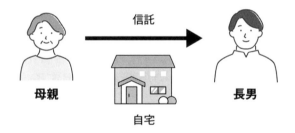

---

[1]　一例として、2021 年 8 月 12 日付の日本経済新聞夕刊では、「認知症　自宅の処分難題」と題する以下の記事がある。「認知症を患う人が所有する住宅が急増する見通しだ。民間の予測では、2040 年に現状より約 27％増の 280 万戸になる。認知症になると自宅の売却が難しくなり、介護費用の捻出に資産を有効活用できない恐れがある。預金などと異なり、一部だけ処分を認めるといった措置も取りにくい。資産の管理を子にまかせる家族信託の活用などの対策が急務だ。（略）後見制度に比べ資産を柔軟に管理できるのが利点だ。」

◆ 信託契約の内容

信託財産	母親保有の自宅の土地と建物および現金
委託者	母親
受益者	母親
受託者	長男
その他	長男に自宅を売却する権限を与える。また自宅売却による売却代金（現金）の管理・運用の権限も与える

　このような信託契約を締結すれば、母親が認知症等になった場合に長男の判断で自宅を売却できるようになります。

　また、自宅売却後は、その売却代金を信託財産として信託契約を存続させます。そうすることで、母親が亡くなるまで受託者である長男が売却代金である現金を管理し、その現金を母親の療養費などに使えるようになります。その結果、受託者である長男が成年後見人と同様の役割を担うことになるため、信託が成年後見制度の代替手段となります。

■ 成年後見制度との比較──────────────────●

　母親が認知症になってしまった場合、成年後見制度の利用によっても、自宅を売却できる場合があります。

　しかし、手続きが非常に面倒であり、売却の可能性が限られます。成年後見人が自宅を売却する場合、家庭裁判所の許可を得なくてはならないからです。

　家庭裁判所から自宅売却の許可を得るためには、相当の理由が求められます。例えば、自宅を売却しないと施設への入居費用が捻出できない等の理由が必要です。自宅を売却しなくても預金を取り崩せば施設の入居費用は捻出できるような場合、家庭裁判所は自宅売却を許可しないこともあり得ます。このため、後見人の判断では売却できませんし、ましてや子の判断では売却できません。

　そもそも、裁判所が関係することから、手続き自体が人変面倒です。

　一方、信託を活用し、自宅を長男の判断で売却できる権限を契約で与えておけば、成年後見制度を活用するより柔軟に自宅の売却ができます。

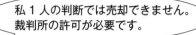

私1人の判断では売却できません。
裁判所の許可が必要です。

裁判所

後見人

■ 課税上の取扱い ─────────────────────●

1 売却に伴う譲渡所得税の取扱い

　本事例のように、受託者である長男が母親の自宅を売却しても、課税上は母親が売却したものとみなして母親に譲渡所得税が課税されます。

　所得税法13条1項に「信託の受益者（受益者としての権利を現に有するものに限る。）は当該信託の信託財産に属する資産及び負債を有するものとみなし、かつ、当該信託財産に帰せられる収益及び費用は当該受益者の収益及び費用とみなして、この法律の規定を適用する。」と定めているからです。税法上「信託の受益者は信託財産を所有するものとみなす」とする定めです。

　また、母親に課税される際は、居住用財産の譲渡所得の特別控除（租税特別措置法35条1項）や、居住用財産の買換え（租税特別措置法36条の2第1項）などの特例が利用できます。

　この点については、国税庁の通達で次のように定めています。

◆ 居住用財産の譲渡所得の特別控除の適用

> 2－54　措置法第35条第1項（居住用財産の譲渡所得の特別控
> 　　　除）に規定する「その居住の用に供している家屋」又は「その敷
> 　　　地の用に供されている土地若しくは当該土地の上に存する権利」

には、個人の有する信託財産の構成物でこれらの資産に該当する
もの（略）が含まれる（略）。

◆ 居住用財産の買換えの場合の長期譲渡所得の課税の特例の適用

2－55 措置法第36条の2第1項（居住用財産の買換えの場合
の長期譲渡所得の課税の特例）に規定する「譲渡資産」又は「買
換資産」には、それぞれ、信託長期居住用財産（個人の有する信
託財産の構成物で、同条第1項各号に掲げる譲渡資産に該当す
るものをいう。（略））又は信託買換資産（同項に規定する買換資
産に該当する資産で、個人の信託財産に属するものをいう。（略））
が含まれる（略）。

2 登録免許税・不動産取得税・固定資産税

　本事例のように自宅を信託した場合、信託設定時に委託者である母親
から受託者である長男へ信託による所有権移転をします。
　通常の所有権移転においては、登録免許税と不動産取得税が課税され
ますが、信託により委託者から受託者へ所有権が移転する際には、不動
産取得税が課税されません。
　一方、受託者には登録免許税が次のとおり課税されます[2]。

◆ 信託設定時の登録免許税

土地	固定資産税評価額×0.3% （令和5年3月31日までの時限措置）
建物	固定資産税評価額×0.4%

　通常の所有権移転の際、登録免許税は「固定資産税評価額×2%」で
すから、信託による所有権移転の方が負担は軽いものになっています。

また、信託設定後は、信託財産である自宅に係る固定資産税が、所有者である受託者に課税されます。

　ただし、受託者に課税される登録免許税や固定資産税は、信託財産の管理運用に関する必要費用です。このような費用は通常、受託者自身が負担しません。登録免許税や固定資産税は、信託財産から支出されることが通常であり、その旨を信託契約で定めれば、実質的には受益者が負担することになります。

③ 信託設定後に自宅を売却しないまま相続が発生した場合

　仮に、当初の予定とは異なり、信託設定後に自宅を売却しないまま相続が発生した場合は、母親が信託財産である自宅を保有していたものとして、本信託の母親の受益権を相続した者に相続税が課税されます（相続税法9条の2第2項および第6項）。

　なお、信託設定後に自宅を売却しないまま相続が発生した場合、所有権は受託者にあることから、相続されるのは自宅不動産の所有権ではなく信託の受益権です。ただし、課税上、受益権の評価額は、信託された財産（所有権）の評価と同額になります（財産評価基本通達202）。つまり、受益権を保有していればその受益権の対象である信託財産を保有しているものとみなすため、母親が死亡すれば、母親が自宅を保有して

2　なお、信託設定時の登記については、委託者から受託者への所有権移転登記と当該不動産が信託財産であることを示す信託登記の2つの登記が必要である。正確には、信託設定による不動産の所有権移転登記は登録免許税、不動産取得税ともに課税はなく、信託登記については、登録免許税は土地と建物について課税され、不動産取得税は課税なしとなっている。
　　この2つの登記に関する取扱いは、以下の表を参照。

	所有権移転登記			信託登記
登録免許税	土地	課税なし	土地	固定資産税評価額 × 0.3%【注】
	建物	課税なし	建物	固定資産税評価額 × 0.4%
不動産取得税	土地	課税なし	土地	課税なし
	建物	課税なし	建物	課税なし

【注】令和5年3月31日までの時限措置としての税率

いたものとして自宅の相続税評価額に対して相続税が課税されます。

◆ 信託における受益権の評価

受益権の評価額＝信託財産の評価額（所有権としての評価額）

4 小規模宅地等の特例

　相続税の課税における特例の一つに、小規模宅地等の特例があります。被相続人の居住の用に供されていた宅地等で、被相続人の配偶者または一定の要件を満たす被相続人の親族が相続または遺贈により、被相続人の自宅等を取得した場合、その宅地等（特定居住用宅地等）のうち330m² 以下の部分の評価を 80％減額できるとする特例です。

　本事例で受益権が相続される場合、課税上、自宅不動産そのものを相続したものとして扱われることとなるため（相続税法9条の2第6項）、信託をした不動産について、信託の受益権を相続した場合でも小規模宅地等の特例を適用できます [3]。

◆ 信託された自宅について小規模宅地等の特例が適用される例

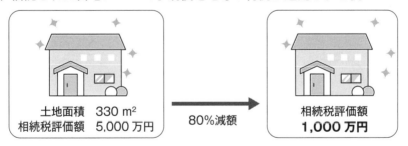

土地面積　330 m²
相続税評価額　5,000万円

80％減額

相続税評価額
1,000万円

3　奥村眞吾『信託の活用事例と税務の急所』90-91 頁

有効利用する予定の不動産を信託する事例

◆ 事例2

　相続対策として遊休不動産の有効活用（賃貸アパートの建設など）を実行する予定ですが、所有者である父親は高齢であり、体力・気力が衰えて、近い将来に認知症になるおそれも出てきました。相続対策の計画実行中に父親の判断能力が低下・喪失し、計画が途中で頓挫することが懸念されます。

■ 信託による解決策

　有効利用する予定の不動産を長男に信託することによって、長男が相続対策を継続して実行できるようにします。

◆ 有効利用する予定の不動産の信託

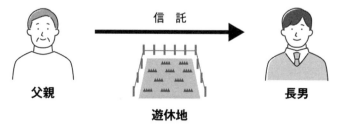

◆ 信託契約の内容

信託財産	父親保有の不動産
委託者	父親
受益者	父親
受託者	長男
その他	長男に不動産の有効利用、売却、その他の管理・処分する権限を与える。また、信託報酬を毎月○○万円支払う。

　このような信託契約を締結することで、実行中の相続対策が父親の認知症により頓挫することを防ぐことができます。受託者である長男自らが不動産を活用して、アパートの建築等を行うことができるようになるからです。

　例えば、受託者として長男が建設会社にアパートの建築を依頼し、アパートの引渡しを受けることができます。

　また、アパートの建築資金を長男が銀行から借り入れることもできます[4]。この場合、長男がアパートの入居者から家賃収入を得て、その家賃収入から銀行へ借入れの元利金を返済し、残った収益を受益者である父親へ渡すことになります。

　長男が信託の受託者になるので、アパートの名義は長男であり、借入れの名義も長男です。しかし、長男はあくまでも信託の受託者としてアパートの事業を行っていることから、この事業の経済的利益を長男が得ることはありません。経済的利益は、すべて受益者である父親が得ます。所得税法13条1項の定めにより、アパートの実質的な所有者は父親となり、銀行からの借入れについても実質的な借入人は父親となります。

---

[4]　ただし、通常の借入れではなく、民事信託の受託者が借入れをする場合に対応している金融機関は限られる。

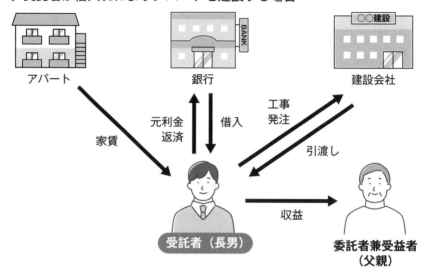

◆ 受託者が借入れによりアパートを建設する場合

アパート　銀行　建設会社

家賃　元利金返済　借入　工事発注　引渡し　収益

受託者（長男）　委託者兼受益者（父親）

■ 成年後見制度との比較

　信託を設定せずに父親の判断能力が低下・喪失した場合、長男が成年後見人となり、父親の財産管理をすることができます。

　しかし、後見人である長男が、不動産の組替えや遊休不動産の有効活用などを相続対策として実行することはできません。成年後見制度は、成年被後見人である父親の財産を守る制度であって、家族のための制度ではないからです。相続対策は、遺された家族のために行うものであって成年被後見人である父親のために行うものではありません。

◆ 課税上の取扱い

1 アパートなどを建設して相続対策を行う場合の所得税の取扱い

　本事例においては、受託者である長男が銀行からの借入れによりアパートを建設し、受託者としてアパート事業を行いますが、課税上は父親がアパート事業を行っているものとして、父親に所得税が課税されま

す。信託を設定しても設定していなくても、課税関係は同じです。アパートからの家賃収入は、父親が得ているものとして課税され、また借入れも父親がしているものとして扱われます（受益者課税の原則）。

◆ 受益者課税の原則

アパートの家賃収入 　所得税課税　 受益者

　そのため、不動産の収入について、父親が所得税の申告（確定申告）をする必要があります。受託者がアパートの管理運用に要した経費は、減価償却費も含めて父親の不動産収入の経費として計上できます。借入れの金利も、父親の不動産収入の経費として計上できます。

　一方、受託者である長男は、特段何も申告等をする必要はありません。ただし、長男は信託された土地と建設したアパートの所有者ですから、固定資産税の納税義務者となります。しかし、この固定資産税など信託財産の管理運用に関する経費は、信託財産からの収入（家賃）で補うことが通常であり、その旨を信託契約で定めていれば、長男が直接負担することはありません。実質的には、受益者である父親が固定資産税を納めているのと同じこととなり、固定資産税も父親の不動産収入の経費として計上できます[5]。

　ただし、確定申告の際、信託から生じる不動産所得を有する個人は、不動産所得用の明細書の他に信託に係る明細書を添付する必要がある点に注意が必要です[6]。

　この明細書に記載すべき事項は、次の2項目です[7]。

---

[5] 　ただし、固定資産税等の信託の管理運用に係る経費は、信託財産から支出することができる等の旨を信託契約において定める必要はある。
[6] 　租税特別措置法施行令26条の6の2第6項
[7] 　租税特別措置法施行規則18条の24

> ・信託から生ずる不動産所得に係る賃貸料その他の収入の別
> ・信託から生ずる不動産所得に係る減価償却費、貸倒金、借入金利
> 　子およびその他の経費の別

　明細書の書式については特段定められていないため、上記の事項さえ記載されていればどのようなものでも問題ありません。一例として、294頁のような明細書を添付すれば十分でしょう。

2 所得税の取扱いにおける注意点

　通常、アパートから生じる家賃収入は不動産所得となり、不動産所得の損失は他の所得と損益通算できます。

　しかし、不動産を信託した場合、信託に係る不動産所得の損失は、その発生がなかったものとみなされる制限があり[8]、損益通算できません。また、不動産所得の損失を翌年以降に繰り越すこともできません。

◆ 信託不動産の赤字は損益通算できない

出典：奥村眞吾『信託の活用事例と税務の急所』136頁の図表を基に修正

3 受託者へ信託報酬を払う場合

　通常、民事信託では、受託者である家族などへは、財産管理に対する報酬を発生させません。

　しかし本事例では、受託者である長男に信託報酬を支払うことを検討しても良いものと思われます。それが相続対策となり得るからです。

---

[8]　租税特別措置法41条の4の2第1項

例えば、不動産の有効活用としてアパートなどを建築した場合、父親は家賃収入を得ることになり、その収入分の金融資産が増えることが予想されます。そうすると、父親の相続の際の相続税も増えることになります。

これを防ぐために、あえて信託報酬を払うことにより、父親に入る家賃の一部を長男に移転します。その結果、父親の金融資産の増加を抑えることにつながるので、相続税対策になり得ます。

ただし、長男が取得する信託報酬は、長男の所得（雑所得）となりますので、長男の所得税は増える可能性があります。したがって、父親の相続時の相続税の減少と長男の所得税の増加を比較し、どちらが有利になるのかを検討する必要があります。

◆ 受託者へ信託報酬を払うことで相続税対策

4 相続税の取扱い

相続税の課税上、受益権の評価額は、信託された財産（所有権）の評価と同額になります（財産評価基本通達202）。

したがって、信託財産が不動産である場合、受益者である父親に相続が発生したとき、その受益権を相続した者には、信託財産である不動産の相続税評価額に対して相続税が課税されます。

仮に、信託した不動産がアパートなどを建設する前の遊休地である更地の状態であるときに相続が発生した場合、その更地の相続税評価額に

対して相続税が課税されます。

その一方、信託した不動産についてアパートなどを建設した後に相続が発生した場合は、そのアパートの敷地と建物の相続税評価額に対して相続税が課税されます。

土地は、更地の状態より、アパートなどの賃貸物件を建てて利用する方が、相続税評価額が下がります[9]。その土地が「貸家建付地」として評価されるからです。貸家建付地は、更地としての評価から「借地権割合×借家権割合×賃貸割合」が差し引かれて評価されるため、更地の評価額より下がります。

また、アパートなどの賃貸用の建物は、「貸家」として評価されます。貸家は、自用建物の評価額から「借家権割合×賃貸割合」の分だけ差し引かれて評価されるため、自用建物の評価額より下がります。

◆ 賃貸物件の敷地と建物を相続した場合の相続税評価額

> 敷地の評価額＝自用地の評価額×（１－借地権割合×借家権割合
> 　　　　　　　　×賃貸割合）
> 建物の評価額＝固定資産税評価額×（１－借家権割合×賃貸割合）

以上のように、更地にアパートなどの賃貸用物件を建てると土地・建物ともに相続税評価額が引き下がり、結果として相続税の節税になります。このような節税効果は、更地を信託して、その土地に受託者が賃貸用物件を建てても変わりません。信託した不動産の受益権を相続したとしても、相続税の課税上、受益権の評価額は信託された財産（所有権）の評価と同額になるからです（財産評価基本通達202）。

5 貸家建付地における小規模宅地等の特例

信託における課税上の取扱いでは原則として、受益権を保有していれば、その受益権の対象である信託財産を保有しているものとみなしま

---

[9]　奥村眞吾『相続税対策としての家族信託』130-131 頁

す。したがって、賃貸不動産が信託財産であり受益権が相続されるとき、課税上は、賃貸不動産そのものを相続したものとして扱われます。このことから、受益権を相続した場合も、貸付事業用宅地等に関する小規模宅地等の特例を適用できます。

◆ 信託された貸付事業用宅地等について小規模宅地等の特例が適用される例

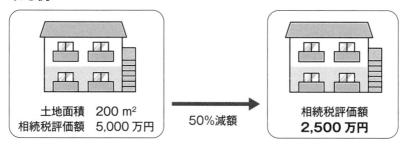

土地面積　200 m²
相続税評価額　5,000 万円

50%減額

相続税評価額
2,500 万円

なお、貸付事業用宅地等の特例の適用要件は、次の2点です。

⊖事業継続要件
　その宅地等に係る被相続人の貸付事業を相続税の申告期限までに引き継ぎ、かつ、その申告期限までその貸付事業を行っていること。
⊖保有継続要件
　その宅地等を相続税の申告期限まで有していること。

6　相続税における債務控除の取扱い

　アパートなど賃貸用建物を建てて相続税の節税をするにあたり、その建築資金を銀行から借り入れるケースが多いでしょう。

　この借入れは相続税の課税上、債務控除の対象となるため、相続税の節税効果が高まります。

　例えば、以下のような事例では、財産の評価減の額が8,700万円となるため、相続税の節税効果は高いといえるでしょう。

◆ 建築資金を銀行から借り入れる例

土地の相続税評価額	2億円
借入額（＝建築資金）	1億円
建物の固定資産税評価額	7,000万円
賃貸割合	100%
借地権割合	60%
借家権割合	30%

《建築前（更地）》

土地の相続税評価額　2億円

―――――――――――――――
相続税の課税価格　2億円

《建築後》

土地の相続税評価額　　1億6,400万円【※1】
建物の相続税評価額　　　　4,900万円【※2】

借入れ（債務控除）　　　　▲1億円

相続税の課税価格　1億1,300万円

財産の評価減の額　8,700万円

【※1】2億円 ×（1－60%×30%×100%）
【※2】7,000万円 ×（1－30%×100%）

7　信託した不動産の相続税における債務控除の取扱い

❻の相続税の債務控除の取扱いは、信託した不動産において受託者が
銀行から借入れをして賃貸用建物を建てた場合にも、原則として適用で
きます。相続税法9条の2第6項において次のように定められているか
らです。

◆ 相続税法9条の2第6項

（略）贈与又は遺贈により取得したものとみなされる信託に関する
権利又は利益を取得した者は、当該信託の信託財産に属する資産及
び負債を取得し、又は承継したものとみなして、この法律（略）の
規定を適用する。

この条文での「信託財産に属する負債」には、信託をした不動産において受託者が銀行から借り入れた負債も含まれます[10]。

したがって、**6**に掲げた例において、更地を信託し、受託者が借入れをしてアパート等を建てた場合でも相続税の課税価格は1億1,300万円となり、信託を設定していない場合と同じ結果となります[11]。

◆ 建築資金を受託者が銀行から借り入れるケース

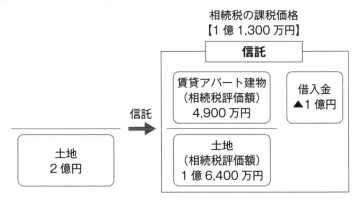

相続税の課税価格
【1億1,300万円】

信託

賃貸アパート建物
（相続税評価額）
4,900万円

借入金
▲1億円

土地
（相続税評価額）
1億6,400万円

信託

土地
2億円

出典：奥村眞吾『相続税対策としての家族信託』133頁の図表を基に修正

8 信託した不動産の相続税における債務控除の取扱いの注意点

仮に、**6**の事例の場合で、土地の評価額が2億円ではなく、5,000万円であったとすると、借入金の額が信託財産（土地および建物）の相続税評価額を超えます。

この場合、信託が設定されていないときは、賃貸アパートの土地と建物の価額から引き切れない借入金1,000万円は、他の財産から債務控除

---

10 国税庁の法令解釈通達では以下のように定めている。
　「信託財産に帰属する債務とは、その信託財産の取得、管理、運用又は処分に関して受託者が負担した債務（公租公課を含む。）及び受益者が支払うべき信託報酬をいう」
　https://www.nta.go.jp/law/tsutatsu/kobetsu/hojin/853/04.htm
11 奥村眞吾『相続税対策としての家族信託』133頁

ができます。

◆ 借入金の額が信託財産の価額を超える場合

《通常の場合》

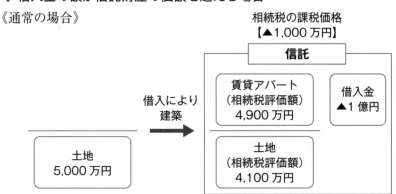

※　土地・建物の評価額から引き切れなかった借入金1,000万円は、他の財産から
控除できる。

　しかし、更地を信託し、受託者が借入をしてアパート等の賃貸用建物を建てた場合、信託財産の価額から引き切れない借入金1,000万円は切り捨てられ、他の財産から債務控除ができないという見解があります[12]。

---

[12]　成田一正「委託者兼受益者に相続が発生した場合の債務控除」73頁。なお、このような見解は公式な見解ではなく、確定したものではない。

《信託の場合》

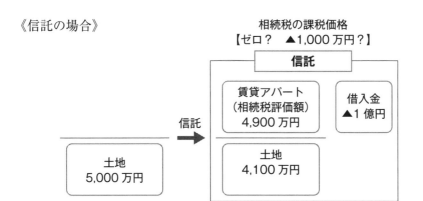

※　土地・建物の評価額から引き切れなかった借入金1,000万円は、切り捨てられ
るのか？　それとも、1,000万円は他の財産から控除できるのか？

　信託財産の価額から引き切れなかった借入金の額は切り捨てられ、他
の財産から債務控除ができないという見解の根拠は、相続税法9条の2
第6項の規定の内容にあります。

　相続税法9条の2第6項は、受益権を遺贈等により取得したものとみ
なされた者は、信託に属する資産および負債を取得または承継したもの
とみなすと定めています。この規定が適用されるなら、債務控除ができ
ると解釈できます。受益権を遺贈等により取得した場合は借入金（負
債）を承継すると定めているからです。

　しかし、相続税法9条の2第6項では、この条文が適用される場合と
して、受益者連続型信託ではない信託でその信託が終了した場合（相続
税法9条の2第4項の場合）が除かれています。同条6項は受益権を取
得した者が債務を承継した場合を定めていますが、4項で規定する場面
は信託終了時に債務を承継しないことを前提とした場面であるからで
す。

　4項は、信託財産を取得する者（帰属権利者等）は債務がない残余財
産の給付を受けることを前提として規定されています（信託法181
条）[13]。したがって、6項は4項の場合を除いているものと考えられま
す。

　4項の条文では「残余財産」という文言を使用しています。残余財産

とは、信託終了時に残っている債務を弁済した後の残りの財産のことです。このことから、6項が4項の場合を除いていても借入金の額が信託財産の価額より小さい場合は、債務控除の問題は生じません。債務控除という形ではなくとも、借入金を控除した後の金額が残余財産の金額として相続税の課税価格が計算されるからです。

　一方、借入金の額が信託財産の価額より大きい場合は、債務控除の問題が生じます。なぜなら、4項の条文にある残余財産という文言からは「マイナスの残余財産」ということは想定されていないからです。この場合は、そのマイナスの部分、すなわち、信託財産の価額を超えた借入金の部分は切り捨てられ、残余財産の額はゼロとしか考えられないことになります。そうすると、借入金の額が信託財産の価額より大きい場合、信託財産の価額から引き切れない借入金は、信託財産以外の他の財産から債務控除できないという結論になります（この点について詳しくは第3章[7]を参照）。

　なお、私見としては、借入金の額が信託財産の価額より大きい場合、信託が設定されていない場合と同様に、信託財産の価額から引き切れなかった借入金は、信託財産以外の他の財産から債務控除できるものと考えます。信託が設定されている場合に4項に「残余財産」という文言があるといえども、信託が設定されていない場合とで債務控除の取扱いが異なる合理的理由はないものと考えるからです。とはいえ、本書執筆時点では、国税庁等から債務控除が可能という公式な見解は出されていません。

13　信託法181条は、「清算受託者は、第177条第2号及び第3号の債務を弁済した後でなければ、信託財産に属する財産を次条第2項に規定する残余財産受益者等に給付することができない。（略）」と定める。信託が終了した後の清算事務をする者を清算受託者と呼ぶが、清算受託者は、債務を弁済した後でなければ帰属権利者等に信託財産（残余財産）を渡すことができないと定めているのであるから、帰属権利者は、債務がない残余財産を取得することが信託法の前提となっていると解釈できる。なお、このような定めがあるのは、債務を弁済した後でなければ残余財産が確定しないし、また、債務弁済前に残余財産を帰属権利者に渡すと債権者を害するおそれがあるからである。

9　信託した不動産の相続税における債務控除の実務上の取扱い

8のとおり、借入金の額が信託財産の価額より大きい場合、信託財産の価額から引き切れなかった借入金は、信託財産以外の他の財産から債務控除できるのか否か明確ではありません。

そのため実務上は、（ア）受益者連続型信託にする、または、（イ）委託者の債務として信託外借入にすることで債務控除が確実にできるようにします[14]。

（ア）受益者連続型信託にする

債務控除を確実に行うには、信託の形式を受益者連続型信託として、いったん2次受益者を指定し、その2次受益者を介して信託を終了させることが良いものと考えられます。

相続税法9条の2第6項の規定は、相続税法9条の2第4項の場合（受益者連続型信託以外の信託の場合）を除いていますが、受益者連続型信託は同第6項の規定が適用されているからです。

受益者連続型信託は、債務控除できることが条文上明確になっています。

（イ）委託者の債務として信託外借入にする

受益者連続型信託ではない信託の場合は、委託者が銀行等から借入れをし、その借入れ後に土地・建物を信託することで、債務控除が確実にできると考えられます。信託外借入とする方法です。

この場合、借入れの名義は委託者であり、借入金の返済は委託者の口座から行われますので、信託終了時（例えば委託者兼受益者の死亡時）には、借入れは委託者に残ったままとなります。

その結果、委託者である被相続人の債務を相続人が承継した場合、債務控除できることが確実になります。

14　成田一正「委託者兼受益者に相続が発生した場合の債務控除」73頁

◆ 事例3

> アパートを所有して管理している父親は高齢となり、気力・体力が衰え、近い将来に認知症になるおそれも出てきました。そこで、そのアパートの管理を長男に任せたいと思っています。また、このアパートの敷地は先祖代々の大事な土地なので、長男に引き継ぎ、将来にわたって大切に守ってほしいと思っています。
>
> ただし、父親亡き後は、アパートからの家賃収入によって配偶者である妻（長男にとっての母親）の生活を確保するために、まずは妻へアパートを承継し、妻亡き後に長男へ承継したいと思い、父親は遺言の作成を検討しました。
>
> しかし、父親が遺言で承継先を決めることができるのは父親自らの死亡時だけです。妻の死亡時の承継先（長男）を父親が遺言で決めることはできないことが問題です。

■ 信託による解決策

アパートを長男に信託します。信託することによって、長男が受託者としてアパートを管理するので、父親が認知症等になってもアパートの管理がスムーズにできるようになります。また、信託の形式は受益者連続型とします。すなわち、当初の受益者は父親とし、父親が死亡すれば2次受益者として妻を指定します。次に、妻が死亡したら、3次受益者として長男を指定します。このようにすることで、父親が妻の死亡時の承継先（長男へ承継すること）を決めることができます。遺言では、妻の死亡時の承継先を父親が決めることはできませんが、信託では、妻の死亡時の承継先を父親が決めることができます。

◆ アパートなどの賃貸物件を信託（受益者連続型信託）

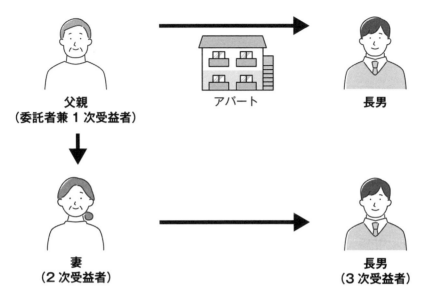

信　託

父親
（委託者兼 1 次受益者）

アパート

長男

妻
（2 次受益者）

長男
（3 次受益者）

◆ 信託契約の内容

信託財産	父親保有のアパート
委託者	父親
受益者	1 次受益者：父親 2 次受益者：妻 3 次受益者：長男
委託者	長男

　このような信託契約を締結すれば、受託者である長男がアパートを管理するので、父親が認知症等になってもアパートの管理に支障が生じることを防ぐことができます。また、2 次受益者として妻を指定しているので、父親の死亡後は、アパートからの家賃収入により妻の生活が保証できます。さらに、妻死亡後の承継先は、3 次受益者として長男を指定しているので、長男へ承継する希望も叶えられます[15]。

　本事例において、父親の相続時に相続人が妻と長男および次男の3人であった場合、次男へ財産が承継されないことが法的に問題になると考えられます。具体的には、次男の遺留分を侵害していることが問題です。

①　遺留分制度

　遺留分とは、兄弟姉妹以外の相続人が最低限相続できる財産の相続分の割合のことをいいます[16]。

　例えば、「自分が死んだら、全財産は愛人に残す」などという内容の遺言書を作られてしまうと、残された家族は生活を脅かされかねません。そのため、そのような遺言者が作成されていた場合でも、兄弟姉妹以外の相続人に最低限相続できる財産の相続分を遺留分として保証しています。

　遺留分として保証している財産の相続分の割合は、民法で定められています。例えば、妻と子が法定相続人となっている場合の遺留分は、それぞれの法定相続人の法定相続分の2分の1です（民法1042条1項2号）。つまり、残された家族が、妻・長男・次男であった場合、その法定相続分は「妻1/2・長男1/4・次男1/4」ですから、遺留分の割合は「妻1/4・長男1/8・次男1/8」となります。

---

[15]　事例では、長男が受益者となった段階で「受託者＝受益者」となるが、このような状態は、信託を設定する意味がなくなるため、信託法では「受託者＝受益者」の状態が1年続くと信託は終了することが定められている（信託法163条）。事例における信託契約の内容の場合、信託が終了すれば、3次受益者である長男が信託財産の所有権を取得することになるよう信託契約で定めることになろう。

[16]　潮見佳男『詳解　相続法』506頁では、「遺留分とは、被相続人の財産の中で、法律上一定の相続人に留保されていて、被相続人による自由な処分（遺贈・贈与等）に対して制限が加えられている持分的利益を言う。」と記載されている。

◆ 遺留分の例

	法定相続分	遺留分
妻	1/2	1/4
長男	1/4	1/8
次男	1/4	1/8

　このように、遺留分が問題になるのは、亡くなった人（被相続人）が遺言を作成していた場合が典型的ですが[17]、本事例のように信託で財産の承継先を定めた場合にも、遺留分の問題は生じます[18]。ただし、本事例のように受益者連続型信託の場合における遺留分の考え方は特殊ですので、注意を要します。

2 受益者連型続信託における受益権の流れと遺留分

　上記事例における受益者連続型信託の受益権の流れは、次の図のように「父親➡妻➡長男」へと順番に移動していくと考えることが一般的なイメージです。

◆ 受益者連続型信託の受益権の移動のイメージ

父親	妻	長男
受益権	受益権	受益権
委託者兼１次受益者	２次受益者	３次受益者

---

[17]　遺留分制度の趣旨について、潮見佳男『詳解 相続法』508頁では、「遺族の生活保障という観点から、被相続人によって住居や生計を維持してきた家族共同体の構成員に対して、被相続人が死亡した後も一定の範囲で住居や生計を維持できることを保証するために設けられたものである。」と説明している。

[18]　道垣内弘人『信託法』62頁。
　また、平成30年9月12日東京地裁判決では「遺留分制度を潜脱する意図で信託制度を利用したものであって、公序良俗に反して無効であるというべきである。」と判示している。つまり、遺留分を免れる目的で信託を設定することは公序良俗に反するので無効であると裁判所は判断している。

しかし、信託法上は、妻と長男が取得する受益権は、委託者の父親から直接移動（取得）するという考え方をします。妻が委託者である父親から受益権を取得するのは実際の受益権の流れと同じですが、長男も委託者である父親から直接受益権を取得すると扱われます。

　このような考え方をする理由は、受益者連続型信託について規定する信託法 91 条において次のように定めているからです。

◆ 信託法

> 第 91 条　受益者の死亡により、当該受益者の有する受益権が消滅し、他の者が新たな受益権を取得する旨の定め（受益者の死亡により順次他の者が受益権を取得する旨の定めを含む。）のある信託は、当該信託がされた時から 30 年を経過した時以後に現に存する受益者が当該定めにより受益権を取得した場合であって当該受益者が死亡するまで又は当該受益権が消滅するまでの間、その効力を有する。

　信託法 91 条では、受益者連続型信託の存続期間を定めています。すなわち、信託がされた時から 30 年を経過した時以降に受益権を取得した受益者がいる場合には、その受益者が死亡した時、または、その受益権が消滅した時には、信託が終了することを定めています。つまり、信託がされた時から 30 年を経過した後は、受益権の新たな承継は 1 度しか認められないという定めです。

　受益者連続型信託にこのような期間の制限があるのは、ある世代の人間が財産の承継のあり方を定めることを認めるにしても、次の世代が、あまりにも長期間にわたってそれに拘束されることは好ましくないからとされています[19]。

◆ 受益者連続型信託の期間の制限

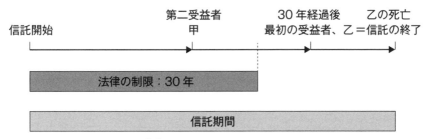

　このように信託法91条は、受益者連続型信託の存続期間を定めることが規定の趣旨と考えられますが、この規定の前半部分では、「受益者の死亡により、当該受益者の有する受益権が消滅し、他の者が新たな受益権を取得する旨の定め（受益者の死亡により順次他の者が受益権を取得する旨の定めを含む。）のある信託」と受益者連続型信託の定義をしています。この規定の文言から、2次受益者や3次受益者などの後継受益者は、先順位の受益者から受益権を承継取得するのではなく、委託者から直接に受益権を承継取得すると解されています[20]。

◆ 信託法上の受益者連続型信託の受益権の移動

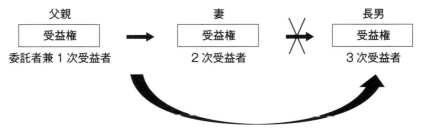

19　神田秀樹・折原誠『信託法講義』182頁
20　加藤祐司「後継ぎ遺贈型受益者連続信託と遺産分割及び遺留分減殺請求」判例タイムズ1327号21頁（2010）および寺本昌弘『逐条解説　新しい信託法』260－261頁（注5）

信託法 91 条の受益者連続型信託の定義を規定する文言の解釈について、本事例に当てはめると、次のとおりです。

委託者である父親の受益権は、その死亡により消滅し、2 次受益者である妻が受益権を取得します。すなわち、委託者である父親から妻へ受益権が移動します。

この場合、委託者である父親が定めた条件に従って、委託者である父親の財産（受益権）が 2 次受益者である妻に遺贈されると解します。したがって、この遺贈に関しては、委託者である父親の財産が相続されない相続人である次男に遺留分の問題が生じます[21]。

次に、妻が死亡すると、2 次受益者である妻の受益権は完全に消滅します。妻が保有していた受益権は、妻の相続財産からも消滅します[22]。このことから、3 次受益者である長男が受益権を取得するのは妻からではないものと解します。このときも、委託者である父親が定めた条件に従って、委託者である父親の財産（受益権）が 3 次受益者である長男に取得する（遺贈される）と解します。つまり、委託者である父親から直接に長男が受益権を取得すると解します。これが、信託法 91 条に定める「受益者の有する受益権が消滅し、他の者が新たな受益権を取得する」という文言の解釈とされています。

③ 受益者連続型信託と遺留分侵害額請求

②のとおり、妻が取得する受益権や長男が取得する受益権は、委託者の父親から直接取得するという考え方をします。この考え方により、妻の死亡時には、妻の受益権は完全に消滅し、妻の相続財産からも消えているので、妻が持っていた受益権に対する遺留分の問題は発生しないと考えられます。

---

[21] 遠藤英嗣『全訂 新しい家族信託』468 頁
[22] 遠藤英嗣『全訂 新しい家族信託』468 頁

これは、父親の財産に対する遺留分の問題も改めて考えないということです[23]。長男が取得する受益権は、父親から直接遺贈されると考えるので、遺留分の問題は父親の死亡時だけ発生し、妻の死亡時には既に消滅していると考えられるからです[24]。

　したがって、父親の相続時に相続人が妻と長男および次男の3人であった場合、財産が承継されない次男は、父親の死亡時のみに遺留分の請求ができるだけです。妻が死亡した際には、遺留分の請求（これを「遺留分侵害額請求」といいます[25]。）ができないと考えられています。

◆ 父親死亡時

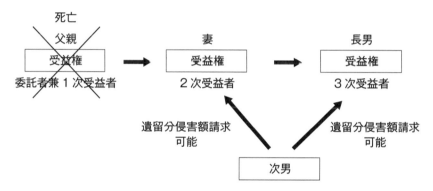

---

[23]　成清紘介・曽我部舞「受益者連続型信託の活用」野村資産承継 2019 春号 75 頁
https://www.niep.co.jp/report/journals/index016_m2.pdf

[24]　ただし、あくまでも3次受益者である長男が取得する受益権に関する遺留分の問題が生じないということであって、妻の固有財産に対しては、妻が遺言等を作成しているならば、その固有財産に対する次男の遺留分の問題は生じる。

[25]　遺留分侵害額請求は民法 1046 条に定められている。同条では「遺留分権利者及びその承継人は、受遺者（特定財産承継遺言により財産を承継し又は相続分の指定を受けた相続人を含む。以下この章において同じ。）又は受贈者に対し、遺留分侵害額に相当する金銭の支払を請求することができる。」と定める。

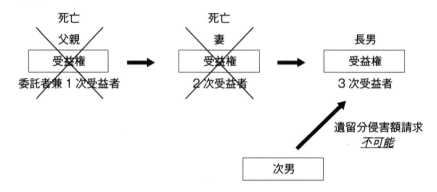

◆ 妻死亡時

　なお、父親の死亡時に次男が遺留分侵害額請求をする場合、その相手方として受託者および受益者の双方に対してすることができると解されています[26]。ただし、このような解釈が確立されているわけではありません。学説上は、受託者に対してのみ遺留分侵害額請求をすることができるという学説、受益者に対してのみ遺留分侵害額請求をすることができるという学説、受託者および受益者の両方に対して請求できるという学説があり、見解は分かれています[27]。

---

[26]　中小企業庁「信託を活用した中小企業の事業承継円滑化に関する研究会における中間整理」11頁
　　https://www.chusho.meti.go.jp/zaimu/shoukei/2008/download/080901shokei_chun.pdf

[27]　筆者の知る限り、この論点について争われた裁判例はない。なお、学説上は、受益者に対してのみ遺留分侵害額請求ができるとする説が有力であるように見受けられる（道垣内弘人「さみしがりやの信託法　第8回　誰が殺したクックロビン」法学教室339号85頁（2008年）および加藤祐司「後継ぎ遺贈型受益者連続信託と遺産分割及び遺留分減殺請求」判例タイムズ1327号22頁（2010年））。ただし、私見としては、受託者および受益者の両方に対して請求できるという学説（折衷説）が支持したい見解である。そのような見解は、三枝健治「遺言信託における遺留分減殺請求」早稲田法学第87巻第1号（2011）において示されている。

3のとおり、本事例の受益者連続型信託では、父親の死亡時には、2次受益者である妻とともに3次受益者である長男も遺留分侵害者となります。

この場合、2次受益者や3次受益者の遺留分侵害額を計算するために、妻と3次受益者である長男が取得した受益権の評価額をどのように評価するのかが問題となります[28]。遺留分侵害額は、妻と長男が取得した受益権の評価額を基準にして算定されると考えられるからです。

ただし、受益権の評価の方法について確立したものはなく、次の2つの見解があります。

> 見解㊀　最初の時点で、ある期間区切られた所有権のような形で、それぞれの期間から受け取れるキャッシュフローで受益権のバリューを計算[29]
>
> 見解㊁　遺留分の計算のときに、最初の受益者がいったん全部受け取って、次の受益者が受益開始の時点でその時点の受益権を全部受け取って、というような構成で計算[30]

2つの見解のうち、一般的には見解㊀が支持されています[31]。その理由は、妻と長男が取得する受益権の内容にあります。

妻が取得する受益権の内容は、父親が死亡してから信託財産を利用できる権利です。その権利は妻が死亡するまで続きます。また、長男が取得する受益権の内容は、妻が死亡してから信託財産を利用できる権利です。

このように、妻と長男が取得する権利は、期間的制限がある権利といえます。したがって、見解㊀は受益権の内容と合っています。

28　能見義久・道垣内弘人編『信託法セミナー3』99頁
29　能見義久・道垣内弘人編『信託法セミナー3』100頁
30　能見義久・道垣内弘人編『信託法セミナー3』100頁
31　笹島修平『信託を活用した新しい相続・贈与のすすめ』222-224頁

一方、見解㋥は、受益権を信託財産に対する所有権と同様に評価する考え方であり、期間的制限がある権利であることは考慮されていないため、支持されていません[32]。

　以上により、受益者連続型信託における遺留分侵害額の計算（＝受益権の評価）は、見解㋑にてなされるべきと筆者も考えます。

　具体的な計算方法としては、次の図ように、それぞれに区切られた期間に受け取れるキャッシュフロー（アパートから得られる家賃収入から経費を差し引いた額）の合計額を現在価値に割り引いた額が受益権の評価額とすることが合理的と考えます[33]。これは、財産評価基本通達202に定められる計算方法と同様の計算方法です。

◆ 受益者連続型信託における遺留分侵害額の計算（受益権の評価）

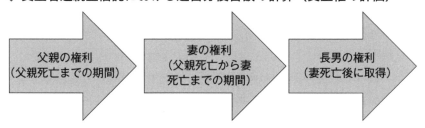

　ただし、妻が取得する受益権の存続期間は、父親死亡時点では不明であることが問題になります。妻が取得した権利は、妻の死亡まで存続する権利であるからです。

---

[32]　能見義久・道垣内弘人編『信託法セミナー3』100頁において道垣内弘人教授は、㋥の考え方に対して「おかしいでしょうという感じはあります。」と賛同していない。

[33]　中里実「信託法理の生成」トラスト60研究叢書『金融取引と課税（2）』7頁（公益財団法人トラスト60、2010）では、所有権は使用・果実収益権と残存権で構成されているという見解が示されており、この使用・果実収益権は、信託における受益権の内容であると解釈できるものと考える。さらに、同論文7頁では、「所有権の本質は、使用・果実収益権というフローを受益する権利にあるものと思われる。残存権は、所有権からそのようなフローの割引現在価値としての元本（元物）を取り除いた後の形骸的な権利であるにすぎないといえよう。」と述べている。

このため、妻が取得する受益権の存続期間は、厚生労働省が公表している平均余命を存続期間であるとみなして受益権の評価額を算出することが合理的です[34]。

　また、長男が取得する受益権は、妻死亡後に取得できる権利です。つまり、権利の始期が不明である権利であると考えられるため、その評価方法が問題となります。

　この評価についても、妻の平均余命を用いて評価することが合理的と考えます。すなわち、妻の平均余命経過後を始期とする権利を取得したと考え、そのような権利の制限に見合うように権利の評価額を計算することです。

　例えば、信託財産の時価（所有権の評価額）から妻の受益権の評価額を差し引いた額をさらに妻の平均余命を基準として現在価値に割り引いた価額が、長男の権利の評価額であると考えるのです[35]。

---

[34] 笹島修平『信託を活用した新しい相続・贈与のすすめ』224 頁
[35] このような考え方に基づく権利の評価の具体的な計算は、配偶者居住権に係る権利の評価方法と同様の方法と考えられる。配偶者居住権とは、終身または一定期間、配偶者にその使用または収益を認めることを内容とする法定の権利である。例えば、亡くなった夫の所有する自宅の所有権は、子が相続するが、その自宅に居住する権利（配偶者居住権）は、残された妻が相続するといった相続の仕方が可能となる。そして、配偶者居住権の評価におけるその権利の存続期間については、配偶者の終身である場合は、平均余命を用いることが定められている。
https://www.nta.go.jp/law/joho-zeikaishaku/hyoka/200701/pdf/06.pdf
　配偶者居住権に関する権利の評価の具体的方法は、国税庁ホームページ参照。
https://www.nta.go.jp/taxes/shiraberu/taxanswer/hyoka/4666.htm

◆ 長男の権利の評価方法イメージ

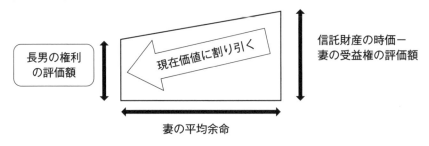

以上のように受益権を評価した場合、妻が取得する受益権の評価額と長男が取得する受益権の評価額を合計しても、その価額は信託財産全体としての所有権の価額より低くなると考えられます[36]。

◆ 受益者連続型信託における受益権の評価額

受益者連続型信託における受益権の評価額＜信託財産の評価額

つまり、受益者連続型信託を設定すると、信託財産は受益権に形を変え、その価値は減少してしまいます[37]。結果、信託の設定により遺留分侵害額請求の基礎となる財産の価額が引き下がると考えられるため、遺留分侵害額請求の額が引き下がります。これは、遺留分の権利を持っている人にとっては不利な結果となります。

しかしこれは、受益権の権利の内容に即した合理的な評価をした結果です。したがって、遺留分の権利を持っている人にとっては不利な結果といえども、決して不合理な結果であるとはいえないものと考えます。

もっとも、遺留分侵害額の評価を下げて、遺留分侵害者にとって有利になるようにするためのみを目的として受益者連続型信託を設定する

---

[36] 加藤祐司「後継ぎ遺贈型受益者連続信託と遺産分割及び遺留分減殺請求」判例タイムズ 1327 号 22 頁（2010）。また、道垣内弘人「さみしがりやの信託法　第 8 回　誰が殺したクックロビン」法学教室 339 号 85 頁（2008）。

[37] 加藤祐司「後継ぎ遺贈型受益者連続信託と遺産分割及び遺留分減殺請求」判例タイムズ 1327 号 22 頁（2010）

と、その結果は合理的といえなくなるでしょう。そのような目的で信託を設定することは、信託の設定が公序良俗に違反し、無効になる可能性があります[38]。

5 相続税における受益権の評価

　ここまでの説明は法律上の取扱いでしたが、課税上の取扱いは異なります。課税上は、**4**の見解㊂の考え方で受益権を評価します。すなわち、最初の受益者がいったん全部受け取って、次の受益者が受益開始の時点で、その時点の受益権を全部受け取るという取扱いです。

　本事例では、図のように「父親➡妻➡長男」へと順番に受益権が移動していくと考えます。

◆ 課税上の受益権の移動

父親	妻	長男
受益権	受益権	受益権
委託者兼１次受益者	２次受益者	３次受益者

　このような課税上の取扱いになるため、父親の相続時における相続税の課税は妻に対して課税されます。一方、父親の死亡時点で長男は、父親の相続財産を取得していないとみなされるので、相続税は課税されません。長男へ課税されるのは、妻が死亡した時点です。

　受益権の評価は、信託財産の評価と同額です。このような取扱いをするのは、相続税法９条の３第１項により、受益者連続型信託の受益権は、期間的制限がない受益権とみなすと定めているからです。

◆ 受益者連続型信託における課税上の受益権の評価額

> 受益権の評価額＝信託財産の評価額

---

[38]　遠藤英嗣『全訂 新しい家族信託』453頁。また、東京地裁平成30年9月12日判決においても、遺留分を免れる目的で信託を設定することは公序良俗に反するので無効であると判断している。

したがって、父親の保有するアパートが信託財産である場合は、当該アパートの土地・建物の評価額で受益権を評価し、相続税を計算します。

　このような取扱いになるため、妻が取得する課税上の受益権の評価額は、遺留分侵害額請求の際に評価される法律上の受益権の評価額より高くなるといえます。

　また、長男が取得する受益権の評価額も当該アパートの土地・建物の評価額と同額であるので、法律上の受益権の評価額より高くなります。

　さらに、長男が受益権を取得するのは、課税上は、妻から取得するものとして課税されます。この点、委託者である父親から受益権を取得するものとする法律上の取扱いと異なっています。

⑥ 所得税・相続税等の取扱い

　所得税、相続税の取扱いは**事例3**の有効利用する予定の不動産を信託する事例と同様です。相続税の取扱いについて、貸付事業用宅地等の小規模宅地等の特例の適用、債務控除の取扱いも同様です。

　なお、債務控除の取扱いについて本事例では、受益者連続型信託であるため、特段問題なく債務控除ができます。

◆ 事例4

> 　事例3と類似のケースですが、相続税の負担が主な悩みである
> ケースです。
> 　父親はアパートを2物件（A物件とB物件）所有して管理して
> います。将来このアパートは、A物件を長男へ承継し、B物件を次
> 男へ承継したいと思っています。ただし、父親亡き後は、アパート
> からの家賃収入によって配偶者である妻（長男・次男にとっての母
> 親）の生活の基盤を確保したいと思っているので、まずは、妻へア
> パートを承継し、妻亡き後に長男と次男へ承継したいと思っていま
> す。
> 　父親の相続の際（1次相続時）は、配偶者の税額控除の特例に
> より相続税の負担はそれほど重くはなりませんが、妻から長男およ
> び次男へ承継する際（2次相続時）に相続税の負担が重くなるこ
> とが問題です。

■ 信託による解決策————————————————————●

　事例4では、受益者連続型信託を活用しましたが、本事例では、受
益権を収益受益権と元本受益権に分割する複層化信託を活用します。

　なお、信託の形式は遺言信託とし、父親の死亡時に信託の効力が発生
するようにします。

　信託の内容は、A物件とB物件を信託財産とし、受託者は長男としま
す。そして、受益権を収益受益権と元本受益権に分割します。そのうえ
で、収益受益権は妻に取得させ、元本受益権については、A物件の元本
受益権を長男へ取得させ、B物件の元本受益権を次男に取得させます。

信託の終了事由は、妻、長男、次男のいずれかの死亡とします。

◆ アパートなどの賃貸物件を信託（複層化信託）

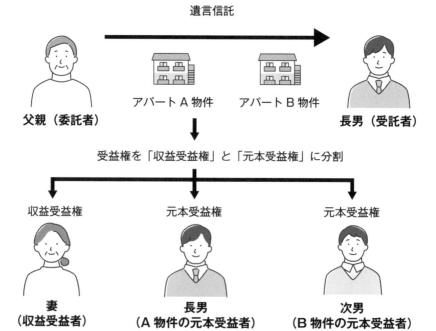

◆ 信託契約の内容

信託の形式	遺言信託（信託の効力発生は委託者の死亡時）
信託財産	父親保有のアパートA物件とB物件
委託者	父親
受益者	収益受益者：妻 A物件の元本受益者：長男 B物件の元本受益者：次男
委託者	長男
信託期間	妻または長男または次男の死亡まで

　このような信託を設定すれば、収益受益権は妻が保有するので、信託期間中は妻に家賃収入が入り、妻の生涯にわたる生活費等が確保できます。次に、妻の死亡により（2次相続時）信託が終了すれば、元本受益

権に基づき、A物件は長男が取得し、B物件は次男が取得するので、父親の希望どおりの資産承継ができます。さらに、2次相続時には、A物件とB物件に係る相続税の負担が軽減できる可能性が高いものと考えられます。

◆ 課税上の取扱い────────────────────●

1 信託契約時

本事例は、遺言信託であるため、信託契約時には信託の効力は発生していません。したがって、信託契約時は、課税関係は生じません。

2 信託の効力発生時（本人死亡時）の課税関係

本事例は、遺言信託であるため、本人（父親）死亡時に信託の効力が発生します。その際の課税関係は、収益受益権と元本受益権の評価額に対して各々妻と長男および次男に相続税が課税されます（詳しくは第3章を参照）。

3 信託終了時（妻の死亡時）の課税関係

信託終了時には、長男と次男は妻が保有していた収益受益権を取得すると考えてその収益受益権に相続税が課税されますが、妻の死亡時期によっては長男と次男に相続税が課税されない場合があります。

妻が保有していた収益受益権は、信託の効力発生時から信託終了時までの間、時間の経過とともに評価額が下がっていき、ある時期になるとその評価額はゼロになります。したがって、その時点以降で妻の相続が発生し、妻が保有していた収益受益権を長男と次男が取得しても、相続税は課税されません（詳しくは第3章を参照）。

◆ 上記信託契約の事例における課税関係

信託契約時	課税関係は発生しない	
信託の効力発生時 （父親死亡時）	収益受益権（妻）	収益受益権の評価額に対して相続税課税
	元本受益者（長男および次男）	元本受益権の評価額に対して相続税課税
信託終了時 （妻死亡時）	相続税の課税なしの場合があり得る	

4 複層化信託ではない通常の信託と複層化信託の違い

（ア）複層化信託ではない通常の信託

　本事例の信託契約の形式は複層化信託ですが、複層化信託にせず妻の死亡時に信託が終了する通常の信託であっても、A物件とB物件を長男・次男へ承継することができます。この場合の信託契約の内容は次のとおりです。

　上記の信託契約と同様の内容にて、受益権をすべて妻に取得させます。信託の終了時は、妻の死亡時とします。そして、信託終了時の信託財産の帰属権利者について、A物件の帰属権利者は長男とし、B物件の帰属権利者を次男とします。

　このような信託であっても、❸の複層化信託と同様の効果が生じます。

◆ アパートなどの賃貸物件を信託（複層化しない通常の信託）

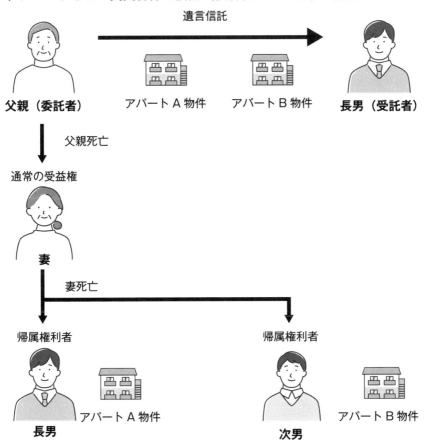

◆ 信託契約の内容

信託の形式	遺言信託（信託の効力発生は委託者の死亡時）
信託財産	父親保有のアパートA物件とB物件
委託者	父親
受益者	妻
信託終了時	A物件の帰属権利者：長男 B物件の帰属権利者：次男
信託期間	妻の死亡まで

このような複層化信託ではない信託の場合、相続税の課税については、次のとおりです。

まず、父親死亡時に妻が取得する受益権に対して、妻に相続税が課税されます。妻が取得する受益権の評価額は、A物件とB物件の相続税評価額と同額であり、その評価額に対して相続税が課税されます。

次に、妻の死亡時に帰属権利者として長男と次男がそれぞれA物件とB物件を取得すると、A物件とB物件の評価額に対して長男と次男に相続税が課税されます。

結果として、A物件とB物件の相続税評価額に対して相続税が2回課税されます。

◆ 複層化しない通常の信託の場合

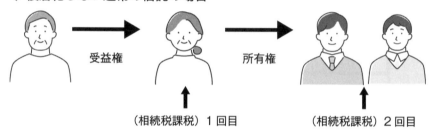

（イ）複層化信託

上記（ア）の複層化信託ではない信託の場合、父親死亡時（1次相続時）には、A物件とB物件の相続税評価額に対して妻に相続税が課税されます。

一方、複層化信託の場合、父親死亡時には、妻へ収益受益権の評価額に対して相続税が課税され、長男と次男には元本受益権の評価額に対して相続税が課税されます。

ただし、収益受益権の評価額と元本受益権の評価額を合計するとA物件とB物件の相続税評価額額の合計額と同額になります。したがって、父親の相続時（1次相続時）は、通常の信託であっても複層化信託であっても、課税対象財産の評価額は同じといえます。

一方、妻の死亡時（２次相続時）に長男と次男に課税される際の課税対象財産の評価額はかなり異なります。

　通常の信託の場合、２次相続時は、長男と次男へＡ物件とＢ物件の評価額がそのままの額で課税されますが、複層化信託の場合は、長男と次男へ妻が保有する収益受益権の評価額に対して課税されます。

　妻が保有する収益受益権は、信託の効力発生時から信託終了時までの間、時間の経過とともにその評価額は下がります。やがて、収益受益権の評価額がゼロになる時期が必ず訪れます。

◆ 収益受益権の評価額の推移イメージ

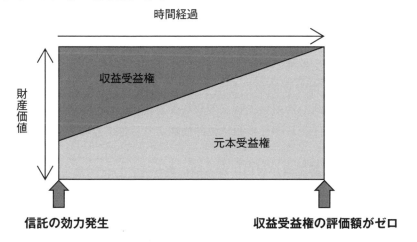

　したがって、その時点以降で妻の相続が発生しても、長男と次男へは相続税は課税されません。

　以上のとおり、複層化信託の場合は、Ａ物件とＢ物件の相続税評価額に対する相続税の課税は父親の相続時の１回だけとなる可能性があります。

◆ 複層化信託の場合

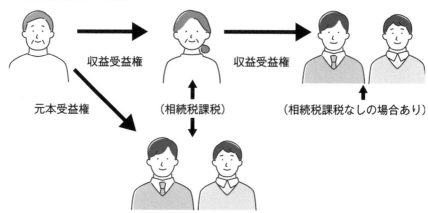

収益受益権

収益受益権

元本受益権

（相続税課税）

（相続税課税なしの場合あり）

　ただし、収益受益権の評価額がゼロになる前に妻が死亡すれば、その時点の収益受益権の評価額に対して長男と次男に相続税が課税されます。しかし、信託の効力発生時点の収益受益権の評価額よりは下がっているため、A物件とB物件の相続税評価額よりは低くなっています。

◆ 収益受益権の評価額がゼロになる前に妻が死亡した場合

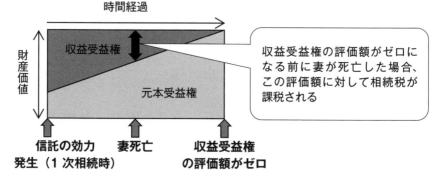

時間経過

財産価値

収益受益権

元本受益権

収益受益権の評価額がゼロになる前に妻が死亡した場合、この評価額に対して相続税が課税される

信託の効力発生（１次相続時）　妻死亡　収益受益権の評価額がゼロ

　なお、長男と次男が保有する元本受益権については、信託の効力発生時点（１次相続時）に元本受益権の評価額に対して相続税が課税されます。

　その後、元本受益権の評価額は、時間の経過とともに上昇します。そ

して、ある時期になると信託財産の評価額と同額になります。

　ただし、この元本受益権の評価額の上昇分について課税されることはありません[39]。元本受益権に対する課税は、信託の効力発生時点の1度のみです。元本受益権が2度課税されることはありません。

◆ 元本受益権に対する課税

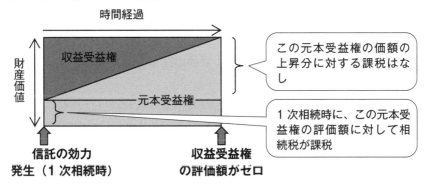

　以上のことから、相続税の課税上は、複層化信託の方が受益者連続型信託よりも有利になる可能性が高いといえます[40]（複層化信託の課税について、詳しくは第3章を参照）。

5　複層化信託における相続税の課税上の取扱いの注意点

　本事例の収益受益権と元本受益権の評価額の計算における問題は、（ア）各期間に受益者が将来受けるべき利益の価額をどのように見積も

39　高橋倫彦編著『受益権複層化信託の法務と税務』96－97頁
40　1次相続時は、相続税の配偶者の税額控除の特例により相続税の負担はそれほど重くないことが多いものと想定される。一方、妻➡長男および次男へ承継する際（2次相続時）には、相続税の配偶者の税額控除の特例は適用できないから相続税の負担が重くなると想定される。したがって、2次相続時に相続税の課税がない場合があり得る複層化信託の活用は、相続税の負担が軽減される面で有効な活用方法であろう。ただし、あくまでも現行の課税上の取扱いを前提としているため、複層化信託の活用が相続税の負担軽減に有効な活用方法であることが将来にわたって保証されているわけではない。

るか、（イ）課税時期からそれぞれの受益の時期までの期間（計算期間）をどのように見積もるか、という点と思われます。

（ア）各期間に受益者が将来受けるべき利益の価額の見積もり

　本事例の場合、各期間に受益者が将来受けるべき利益の価額は、A物件とB物件から得られる家賃収入が基準となります。ただし、将来にわたって必ず一定の家賃収入が得られるわけではないため、各期間に受益者が将来受けるべき利益の価額の見積もりをどのように行うかが問題です。

　この問題に関しては、家賃収入の見積もりに合理性があれば問題はないものと考えます。例えば、家賃収入の過去数年間の実績の平均値を使うなどであれば、その見積もりに合理性があるといえるでしょう。なぜなら、財産評価基本通達202には「課税時期の現況において推算した受益者が将来受けるべき利益の価額（下線は筆者追記）」を基準に計算すると明記されているからです。「推算」という用語を使用しているのは、将来に受けるべき利益の価額は、課税時期の現況とを比較して変化があることを前提としていると考えることが素直です。したがって、推算を合理的に行えば問題はないものと考えます。

　一方で、家賃収入のように将来収入の変化があることが見込まれる信託財産について複層化信託の活用をすることは、税務リスクがあるから避けるべきと受け取れる見解を多く見受けます。これは、納税者が行った推算を税務署等が否認するおそれがあるという見解だと思われます。

　たしかに、納税者が行った推算に合理性がなければ、税務署等が否認するおそれがあることは否定できません。しかし、納税者が行った推算に合理的根拠がある場合、収入の変化があるからといって税務署等が推算を否定することは考えられません。税務署等が否定するとしたら、否定する根拠が必ず必要になるはずですが、合理的根拠があって推算が行われていれば、否定する根拠はないからです。したがって、過度に税務リスクを恐れて、複層化信託の活用をあきらめる必要

はないものと考えます。

（イ）課税時期からそれぞれの受益の時期までの期間の見積もり

　本事例の場合、1次相続により信託の効力が発生した時点で妻が取得する収益受益権の受益の期間は、妻の死亡までです。このように、信託の期間をある人の死亡までとする場合、受益の期間をどのように見積もるかについて問題となります。

　この問題について、国税庁等から公式に見解が示されておらず、現状では、納税者自らが合理的な基準によって期間を見積もって申告するよりほかありません。では、「合理的な基準」とはどのような基準が考えられるのでしょうか。

　書籍や文献等によれば、厚生労働省が公表している平均余命を用いることが合理的とする見解が有力です[41]。また、収益受益権に類似する権利に配偶者居住権がありますが（民法1028条）、配偶者居住権の権利の存続期間を配偶者の終身と定めた場合は（民法1030条）、厚生労働省が公表している平均余命を用いて配偶者居住権の権利の評価をすることが定められています[42]。

　以上のことから、信託の期間をある人の死亡までとする場合、受益権の評価をするうえでの期間の見積もりについては、平均余命を用いることが合理的と考えます。

　なお、国税庁等から公式に見解が示されていない以上、課税当局としても、厚生労働省が公表している平均余命を用いることを否定する明確な根拠はありません。したがって、現状において平均余命を用いて受益権の評価・申告をしても、それに対する税務リスクは極めて低いものと考えます。そして、上記事例で平均余命を用いて収益受益権の評価をした場合、収益受益権の評価額がゼロになる時期は、妻が平均余命の年齢まで生存していた時となります。

---

[41]　佐藤英明『信託と課税』257頁
[42]　https://www.nta.go.jp/law/joho-zeikaishaku/hyoka/200701/pdf/06.pdf

（ウ）複層化信託の活用による節税

　複層化信託を活用して節税することに対して否定的な見解が多くあります[43]。このような見解からは、複層化信託の活用はあきらめて他の方法を採用することが良いという結論になります。

　ただし、その見解の多くは、複層化信託の税務上の取扱いが不明確であるからという、消極的、かつ、抽象的な理由をもって否定的な見解になっているように見受けられます[44]。少なくとも筆者の知る限りでは、明確な根拠（法的根拠）を示したうえで複層化信託の活用を否定する見解はありません。

　つまり、複層化信託を活用して節税することに対して否定的と受け取れる見解は、明確な根拠があるわけではないといえます。そうすると、過度に税務リスクを恐れているといえ、有用な制度である信託の活用の機会を逃していることに他なりません。これまでに述べたように、現状の法令・通達において、複層化信託を活用した節税は、特段問題なく可能であると考えられます。

---

[43]　例えば、伊庭潔『信託法からみた民事信託の実務と信託契約書例』243頁では「（受益権複層化信託による節税が）収益不動産などの資産にも活用できるか、いまだ不明な点も多い。（略）思わぬ落とし穴がないかという点にこそ、気をつけるべきであろう。」との記載がある

[44]　否定的な見解のほとんどの結論は、「慎重な対応をすべき」と述べるのみである。

遺産分割の調整のための信託の事例（複層化信託）

◆ 事例5

> 　母親は、その保有する自宅兼アパートを長男に相続させたいと考えてます。
>
> 　一方で、相続の際、自宅兼アパートを長男にさせた場合、次男に相続させるべき財産がないので、長男と次男の財産の配分についてバランスが悪くなることが問題です。なお、母親の家族構成や保有資産等は以下のとおりです。

家族構成	長男と次男（母親の配偶者である夫は既に死亡）
保有資産	自宅兼アパート 1 棟（土地 5,000 万円、建物 3,000 万円）、預貯金 1,000 万円
収入	アパートの不動産収益 500 万円／年間

■ 信託による解決策────────────────────●

　母親は、遺言を作成し、自宅兼アパートの土地を長男に相続させ、預貯金は長男と次男で均等に相続させる内容にします。

　さらに、自宅兼アパートの建物のみを信託財産として、受託者を長男とし、受益権を収益受益権と元本受益権に分割して、収益受益者を次男、元本受益者を長男とする信託を遺言により設定します[45]。信託期間は 10 年とします。

　なお、賃貸アパートの建物を信託財産とする場合、賃借人から預託さ

45　賃貸アパートの建物を信託財産として、複層化信託とする事例は、高橋倫彦編著『受益権複層化信託の法務と税務』168－179 頁で紹介されている。

れた敷金は、受託者がこれを返還する義務があるので、敷金相当額の金銭も信託財産とする必要があります[46]。

◆ 信託契約（遺言信託）の内容

信託財産	自宅兼アパートの建物
委託者	母親
受託者	長男
収益受益者	次男
元本受益者	長男
信託期間	母親の相続後 10 年

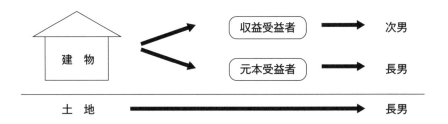

　このような信託を設定することで、家賃収入に変化がないものと仮定した場合、次男は 10 年間で累計 5,000 万円（500 万円 / 年間 × 10 年間）の家賃収入を手にすることができます。これにより、土地 5,000 万円の相続を受けた長男との財産配分のバランスが概ね取れます。

46　高橋倫彦編著『受益権複層化信託の法務と税務』169 頁

◆ 受益権の複層化を活用した信託による効果

次男（収益受益者）

信託設定から終了までに次男が
受け取る家賃収入の総額
500万円 ×10年
＝5,000万円

＝

長男（元本受益者）

信託終了時に長男が受け取
る財産の金額
土地＝5,000万円

　さらに、信託期間が終了する10年後には、長男は保有する元本受益
権に基づいて、信託財産である建物の所有権を取得します。その結果、
期間は要しますが、母親の希望どおりに自宅兼アパートの土地・建物を
長男に承継できます。

■ 課税上の取扱い――――――――――――――――――――――●

1　信託設定時（母親の相続時）

　信託設定時（母親の相続時）には、収益受益権の評価額に対して次男
に相続税が課税され、元本受益権の評価額に対して長男に相続税が課税
されます。収益受益権の評価額および元本受益権の評価額は、財産評価
基本通達202にしたがいます。

　本事例では、アパートから「500万円／年間」の不動産収益を10年
間得る権利が収益受益権の内容であることから、それに基づいて収益受
益権の評価額を計算すると、次のとおりです。

◆ 収益受益権の評価額計算

年度	年間収益額見込①	複利現価率②	割引現在価値①×②
1	5,000,000	1.000	5,000,000
2	5,000,000	1.000	5,000,000
3	5,000,000	1.000	5,000,000
4	5,000,000	1.000	5,000,000
5	5,000,000	1.000	5,000,000
6	5,000,000	0.999	4,995,000
7	5,000,000	0.983	4,915,000
8	5,000,000	0.980	4,900,000
9	5,000,000	0.978	4,890,000
10	5,000,000	0.975	4,875,000
合計（収益受益権の評価額）			49,575,000

（令和3年6月時点の国税庁が発表した複利現価率を基準に算出）

収益受益権の評価額は4,957万5,000円でした。信託財産である建物の評価額3,000万円を超えています。

ただし、この場合、収益受益権の評価額が信託財産の価額を超えることは考えられないので、「収益受益権の評価額＝建物の評価額」（＝3,000万円）になると考えられます。

その結果、長男が取得する元本受益権の評価額はゼロと考えられます。元本受益権の評価は以下の算式により算出するからです。

元本受益権 ＝ 信託財産（所有権）の評価額 － 収益受益権の評価額
↓ ↓
0 ＝ 30,000,000円 － 30,000,000円

以上により、次男は収益受益権の評価額（＝信託財産である建物の評価額）に対して、相続税が課税されます。一方、長男は元本受益権の評価額はゼロになるため、元本受益権に対して相続税は課税されない結果となり、遺言で取得する土地の評価額に対してのみ相続税が課税されます。

◆ 収益受益権と元本受益権の評価額

○　建物の評価額 3,000 万円を超える場合
　　・収益受益権の評価額＝建物の評価額
　　・元本受益権の評価額＝ゼロ

2　信託終了時

　信託期間である 10 年が経過し、信託が終了すれば、長男は元本受益権に基づき、建物の所有権を取得します。この際、長男は次男が保有する収益受益権を取得したことにより、建物の所有権を取得したものと考えることができます。

　ただし、信託終了時には、次男が保有する収益受益権の評価額はゼロとなっていることから、課税関係は生じません。当然、収益受益権を保有している次男に対する課税もありません。

◆ 収益受益権の評価額の推移イメージ

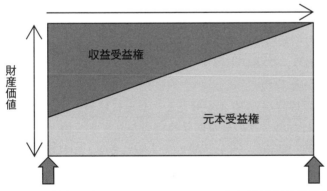

時間経過

財産価値

収益受益権

元本受益権

信託の効力発生　　　　　　**10 年後は収益受益権の評価額がゼロ**

　また、財産評価基本通達 202 に従えば、信託終了時には、元本受益権の評価額は建物の評価額と同じ価額になっています。つまり、信託設定時の元本受益権の評価額がゼロであったものが建物の評価額と同じ価額

まで上昇しています。しかし、この元本受益権の評価額の上昇に対する課税はありません。

　以上により、長男にも次男にも、信託終了時に課税は生じません[47]。

◆ 収益受益権と元本受益権の評価額の推移イメージ

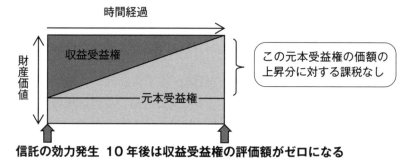

■ 信託による解決に代替する方法─────────────●

> **3** 建物を次男に相続させ、10 年後に長男に建物を譲渡する

　本事例では、信託による解決方法の代替案として、建物を次男に相続させ、10 年後に次男から長男へ建物を譲渡する方法が考えられます。

　この場合、母親の相続時の相続税の負担は、信託を活用した場合と同じです。上記のとおり、次男が取得する収益受益権の評価額は建物の評価額と同額になるからです。

　しかし、母親の相続時から 10 年が経過し、長男に建物を譲渡するときは、信託を活用した場合との課税関係等は異なります。10 年後の譲渡の方法として（ア）贈与と（イ）売買が考えられます。それぞれの方法の課税関係等は次のとおりです。

---

[47]　ただし、元本受益権に基づいて建物の所有権を取得する長男に所有権移転登記に関する登録免許税と不動産取得税は課税される。

（ア）贈与の場合

長男へ建物を贈与するのであれば、建物の評価額に対して長男に贈与税が課税されます。この点で信託を活用する場合と異なります。

（イ）売買の場合

贈与ではなく、売買であれば、長男は譲渡価格相当分の資金を用意する必要があります。この点で信託を活用する場合と異なります。

また、譲渡価格が建物の未償却残高を超えれば、次男に譲渡所得税が課税されます。一方、信託の場合は、譲渡所得税が課税されることはありませんので、この点も信託を活用する場合と異なります。

したがって、上記の信託による解決方法は、贈与や売買による方法より有利になると考えられます。

---

4 土地と建物を長男に相続させ、アパートからの家賃収益に相当する代償金を次男へ支払う

また別の代替案として、土地と建物を長男に相続させ、アパートからの家賃収入10年分に相当する金額（5,000万円）を代償金として長男から次男へ支払う方法が考えられます。このような遺産分割の方法を「代償分割」といいます。

このように、アパートからの家賃収入10年分に相当する金額（5,000万円）を代償金として長男から次男へ支払う代償分割の方法を採用しても、母親の相続時の相続税の総額は、信託の場合の相続税の総額と同じです。代償分割は、遺産分割の調整の手段であり、遺産の総額が変わるわけではないからです。

◆ 信託を利用した場合

＜長男＞	長男	5,000 万円
	元本受益権	ゼロ
	合計	5,000 万円
＜次男＞	収益受益権	3,000 万円
	（建物の価額と同じ）	

総額　8,000 万円

◆ 代償分割を利用した場合

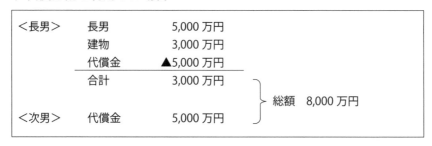

＜長男＞	長男	5,000 万円
	建物	3,000 万円
	代償金	▲5,000 万円
	合計	3,000 万円
＜次男＞	代償金	5,000 万円

総額　8,000 万円

（ア）相続税

　母親の相続時の相続税の総額は、代償分割を利用しても、信託を利用しても同じです。

　しかし、長男と次男の各々が負担する相続税の納税額は、代償分割を利用した場合と信託を利用した場合とでは異なります。代償金を取得した次男は、当該代償金に相続税が課されることとなり、一方、代償金を渡した長男については、相続により取得した土地と建物などの現物財産の価額から代償金の価額を控除した価額を基に相続税を計算することになるからです（相続税法基本通達 11 の 2−9）。

　つまり、信託を利用した場合に比較すると、長男は納税額が下がり、次男は納税額が上がります。

（イ）所得税

　代償分割を利用した場合、長男が建物を所有していることから、そ

の建物から得られる家賃収入は長男に属します。したがって、長男が不動産所得を得ているので、長男に所得税が課税されます。

　一方、信託を利用した場合、建物から得られる家賃収入は次男に属します。したがって、次男が不動産所得を得ているので、次男に所得税が課税されます。

（ウ）通常の代償分割

　代償分割とする場合、上記のように代償金の額を 5,000 万円とするのではなく、代償金の額を 4,000 万円として、各々が取得する遺産の額が均等になるように分割するのも、遺産分割を調整する一つの方法です。むしろ、このような方法が分割の調整としての通常の代償分割の方法であり、一般的といえます。

◆ 通常の代償分割の方法

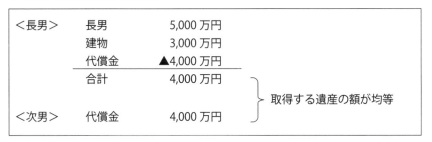

　信託を利用した分割の調整の考え方は、家賃収入と土地の評価額が均等になることをベースとしていましたので、その場合は、代償金の額は 5,000 万円となりました。

　一方、各々が取得する遺産の額が均等になることをベースとすると、代償金の額は 4,000 万円となります。

　このように代償分割をするならば、長男と次男が負担する相続税の額は同じになります。ただし、相続税の総額は、信託を利用した場合と同じです。

再婚者が後妻の相続後の承継者を指定する信託の事例（受益者連続型信託）

◆ 事例6

> Aさんは、再婚をしており、前妻との間には子がいるが、後妻との間には子がいません。Aさんは、自分の相続時（1次相続時）は自分の財産は今の妻（後妻）に相続させたいが、後妻の相続の際（2次相続時）には後妻へ相続した財産を後妻の相続人には相続させず、前妻との間の子へ取得させたいと思っています。そのため、遺言の作成を考えています。
>
> しかし、遺言でできることは、自分の相続の際に後妻へ財産を相続させることまでです。そうすると、後妻の相続の際には、後妻へ相続した財産は、後妻の相続人（後妻の兄弟姉妹となる場合が多い）に相続されてしまうことが問題です。

■ 信託による解決策

遺言により信託（受益者連続型信託）を設定し、本人死亡の際は後妻が1次受益者となり、後妻の死亡後は前妻との間の子を2次受益者にする信託の内容にします。このような信託を設定すれば、後妻の相続人には相続させず、前妻との間の子へ財産を取得させることができます。

◆ 受益者連続型信託の事例

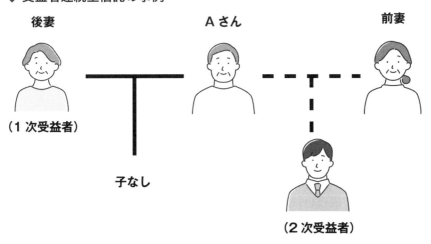

◆ 信託契約の内容

信託財産	保有するアパート
信託の形式	遺言により受益者連続型信託を設定 （信託の効力発生は1次相続時）
受益者	1次受益者……後妻 2次受益者……前妻の子
受託者	前妻の子

　遺言でできることは、1次相続時（自分の相続の際）に後妻へ財産を相続させることのみです。2次相続時（後妻の相続の際）の承継先は自分の遺言では指定できません。したがって、遺言で後妻に相続された財産は、2次相続時（後妻の相続の際）に後妻の相続人へ相続されてしまいます。

　しかし、信託（受益者連続型信託）では、自分の相続だけでなく後妻の相続の際の承継先を指定することができるため、上記のような信託契約にすることで、前妻の子へ自分の財産を承継できます。

　課税上、受益者連続型信託における受益権の移動については、先順位の受益者から受益権を承継取得すると取り扱います（相続税法9条の2第2項）。したがって、本事例では、受益権の移動は次のとおり取り扱われます。

◆ 課税上の受益権の移動

　このような取扱いになるので、委託者の相続時（1次相続時）には、後妻に相続税が課税され[48]、前妻の子には相続税は課税されません。前妻の子には、後妻の相続時（2次相続時）に相続税が課税されます。

　この2次相続時に前妻の子に課税される相続税については、後妻から前妻の子へ受益権が遺贈されたものとみなされます（相続税法9条の2第2項）。この時、後妻から前妻の子への遺贈については、相続税額の2割加算がある点が留意点です（相続税法18条1項）。

◆ 相続税の課税

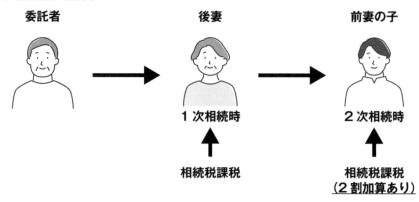

48　委託者の相続財産は相続税の基礎控除を超える場合を前提としている。なお、後妻へ受益権を承継した場合には、被相続人の配偶者に対する優遇措置である相続税の配偶者の税額軽減の特例があるので、相続税の納税額は軽減される。

相続税額の２割加算とは、相続や遺贈（遺言による財産の承継）など
で財産を受け取った人が、被相続人の一親等の血族および配偶者以外で
ある場合に相続税額が２割加算されるものです。ここで、一親等の血族
とは、養子を含む子および両親です⁴⁹。本事例では、前妻の子は後妻の
一親等の血族ではないので、後妻の相続税額の２割加算の対象者になり
ます。

　仮に、後妻を経由せず、委託者の相続時（１次相続時）に、委託者か
ら前妻の子へ財産（受益権）を直接承継していれば、前妻の子に課税さ
れる相続税については相続税額の２割加算はありません。この点で、後
妻を経由することで、前妻の子にとっては相続税の負担が増す結果と
なってしまいます。

49　孫の場合は、養子縁組をしても２割加算となる。ただし代襲相続人である孫は
２割加算の対象者ではない。

◆ 事例 7

　　将来の結婚資金や教育資金に活用してもらうため、孫へ金銭を贈与しようと思っています。しかし、孫が労せずしてお金を手にすると、無駄遣いすることが心配です。そこで、孫に知られずに孫名義の預金口座にお金を振り込んで贈与したいと思っています。あるいは、贈与したお金が入金される孫名義の預金口座の通帳やキャッシュカードなどを自分で管理しようと思っています。

　　しかし、孫の名義の預貯金であっても、孫が贈与の事実を知らない場合、あるいは、贈与の事実を知っていても贈与した人が預貯金を管理（通帳やキャッシュカードなどを贈与者が管理）している場合、その預貯金が実質的に贈与した人の財産と判断され、贈与があったものとは認定されません。そうすると、贈与した人が死亡した場合、その預貯金は、孫の名義であったとしても贈与した人（被相続人）の相続財産として、その孫の名義の預貯金に対して相続税が課税されてしまうことが問題です。

■ 信託による解決策 ────────────────●

　　委託者を父親、受託者を孫の母親にして、委託者と受託者との間で金銭を信託財産とする信託契約を締結し、受益者を孫とします。

◆ 信託契約の内容

信託財産	金銭
委託者	贈与者（祖父）

受益者	孫
受託者	長女（孫の母親）

　本事例のような孫の名義の預貯金を「名義預金（名義財産）」と呼びます。名義預金とは、亡くなった人の名義ではないのに相続税の対象となってしまう預金のことです。

　名義預金が相続税の対象となる理由は、名義預金の真の所有者は、亡くなった人（被相続人）と認定されるためです。

　財産の所有者を判定するにあたり、「名義人＝所有者」と考えるのが通常です。この考え方からは、名義預金は相続税の申告の対象ではないことになります。しかし、名義預金を亡くなった人（被相続人）の財産として相続税の申告に含めないと申告漏れとして税務署から指摘を受けます。被相続人からその名義人への贈与が成立していないと認定されるからです。

◆ 財産の所有者の判定

通　　常	名義人＝所有者
名義預金	名義人≠所有者

> 預金は名義人（孫）のものか？
> 被相続人のものか？

　贈与が成立するためには、財産を与える人（贈与者）と財産を受け取る人（受贈者）の双方に贈与の認識があることが必要です（民法549条）[50]。したがって、受贈者が贈与されたことを知らないと贈与が成立していないことになります。

　また、贈与とは、財産の所有権を受贈者に移転することです。所有権

---

[50] 民法549条では「贈与は、当事者の一方がある財産を無償で相手方に与える意思を表示し、相手方が受諾をすることによって、その効力を生ずる。」と定める。

とは、自由にその所有物の使用、収益および処分をする権利です（民法206条）[51]。したがって、受贈者が贈与された財産を自由に使用、収益および処分することができなければ、所有権を持っているとはいえません。本事例のように、贈与者である祖父が贈与したとしている預貯金の通帳やキャッシュカードを管理していては、受贈者である孫は預貯金を自由に使用、収益および処分することはできません。実質的な預貯金の所有者は、引き続き贈与者にあります。つまり、贈与は成立していないといえます。

◆ 贈与の成立要件
・贈与者受贈者の双方に贈与の認識があること

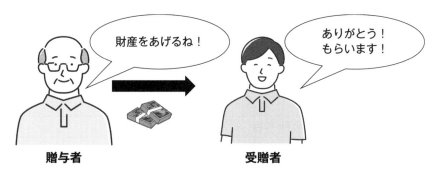

・受贈者が贈与された財産を自由に使用・収益・処分できること

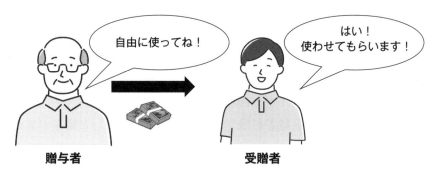

---

[51] 民法206条では所有権の内容について、「所有者は、法令の制限内において、自由にその所有物の使用、収益及び処分をする権利を有する。」と定める。

以上のことから、名義預金は贈与が成立した財産ではありません。その財産の所有権は、引き続き被相続人にあるといえます。その結果、名義預金を相続財産に含めて申告しないと、申告漏れとして税務署から指摘を受けます。

　そこで、税務署から名義預金と認定されるのを防ぐ方法の一つとして、信託の活用が考えられます。

　本事例の場合、委託者が祖父、受益者が孫になるので、税務上は金銭（預金）が祖父（委託者）から孫（受益者）に贈与されたものとして取り扱われます（相続税法9条の2第1項）。この信託の形態であれば、名義預金とはなりません。

　信託契約は委託者と受託者の間で締結されるため、信託契約書に署名するのは委託者と受託者だけです。したがって、受益者へは信託契約の内容を通知しないことが可能です（信託法88条2項）[52]。また信託法では、信託契約で別段の定めをしない限り、受益者は当然に受益権を取得すると定めています（信託法88条1項）[53]。このことから、受益者が贈与を受けたことを知らず、また、受益者が贈与を受けることの意思表示をしなくても、税務上贈与として取り扱われます[54]（相続税法9条の2第1項）。

---

[52]　ただし、信託契約の中で信託契約の内容を通知しない旨を定める必要がある。信託法88条2項では、「受益者となるべき者として指定された者が同項の規定により受益権を取得したことを知らないときは、その者に対し、遅滞なく、その旨を通知しなければならない。ただし、信託行為に別段の定めがあるときは、その定めるところによる。」と定めているからである。

[53]　信託法がこのような定めをしている理由について、神田秀樹・折原誠『信託法講義』132頁では「受益者が当然に受益権を取得することによって、その後は、委託者と受託者の合意のみによって受益権の内容を変更できなくなること、また、受託者が受益者に対して信託法上の各種の義務を負うことになる等の効果を導くことができ、それが受益者の利益になるからである。」と説明している。

[54]　税務上贈与として取り扱われるのであれば、贈与税の申告が必要であり、贈与税の申告は受贈者が行うのであるから、結局、贈与の事実を受贈者が知ることになると思われる。どうしても贈与の事実を贈与者に知らせたくないならば、受益者代理人を信託契約で定める方法が考えられる。受益者代理人は、基本的には、ほとんどすべての受益者の行為をする権限を持つからである（信託法139条1項）。

もし、受益者である孫に贈与を受けたことを通知し、贈与を受けたことを孫が知ったとしても、信託財産である預金は、孫の母親が受託者として管理しているので、孫は自らの意思で自由に使えません。例えば、受託者である孫の母親は、預金を孫へ一時に全額給付しないことができます。したがって、贈与を受けた孫が無駄遣いをする心配もなくなります。しかし、名義預金とは異なり、信託の効力が発生した時点で祖父（委託者）から孫（受益者）に贈与されたものとして取り扱われます（相続税法9条の2第1項）。

　以上により、信託を活用すれば、名義預金と認定されることもなく、かつ、孫（受益者）が贈与を受けた金銭を無駄遣いすることもなくなります。

◆ 名義預金と認定されないための信託

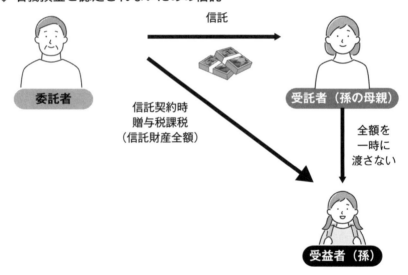

■ 課税上の留意点━━━━━━━━━━━━━━━━━━━━━━━━━●

1 総　論

　上記のような、名義預金と認定されないための信託は課税上、信託契

約時に信託財産全額について孫に贈与税が課税されることに注意が必要です。

　事例の信託契約では、孫が無駄遣いしないように受託者が金銭を孫に渡さないことができますが、受益者が実際に金銭を受領したときに、その受領した金額のみに贈与税が課税されるわけではありません。したがって、孫は、実際に金銭を受領していなくても贈与税の納税義務が発生するため、納税資金について留意する必要があります。

　なお、暦年贈与の場合、贈与税は贈与金額が大きくなるにつれて税率も高くなる累進課税となっているため、信託財産を少しずつ追加していくことが贈与税の負担を抑える一つの方法であると考えられます。

② 名義預金と認定されないための信託に税務上のリスクはあるか

（ア）受益者へ通知しないということ

　以上のように、受益者の知らないところで信託を活用して贈与をすることは可能と考えます。

　しかし、一方で、名義預金と認定されないための信託の活用に懐疑的な見解があります[55]。また、受益者となった旨を通知しないでおくことの合理的な信託目的は何かという点を懸念する見解があります[56]。そのため、受益者の受益の意思表示は早い段階で明確にしておくべきであり、その意思表示がない場合は、信託を活用しても名義預金と認定される可能性も十分にあり得るとの見解があります[57]。その理由は、受益者である子や孫が自らの状況について何も知らないので

---

[55] 平川忠雄監修『民事信託実務ハンドブック』422頁では、「贈与が成立するそもそもの前提は、民法549条に基づく諾成契約にあることを考えると、このような手法で名義預金としてのリスクがなくなるとまでは言い切れないように思われます。」と述べている。

[56] 本事例では、受益者となった旨を通知しないでおくことの信託目的は、受益者の浪費を防ぐことである。この信託目的自体に対して不合理であるとの異論が出るとは思えない。なお、贈与をする真の目的が相続税の節税であったとしても、節税自体は不当な行為ではなく、相続税の節税のための贈与は、広く世間一般で行われていることは周知の事実である。この面においても不合理とまではいえないものと考える。

あれば、信託財産の実質的な所有者は受益者ではなく、引き続き委託者にあると認定されるからというものです[58]。

たしかにこの見解は、一定の説得力があるように思えます。しかし、この見解は、民法の原則や信託を活用しない場合の通常の名義預金の理論を信託にそのまま当てはめています。すなわち、信託の設定を無視した見解となっています。この点で上記の見解は、出発点（前提）が誤っているといえます。したがって、この見解をさらに説得力のあるものにするためには、信託の設定を無視する明確な根拠（例えば、信託の設定はないものとみなすと規定する税法の条文など）を示す必要があると考えます。しかし、その明確な根拠（条文）はないでしょう。少なくとも筆者には思い当たりません。

（イ）信託法の定め

一方で、信託契約で受益者に通知することを要しないという根拠は、信託法88条1項と同2項にあります。

信託法88条1項では、受益者となるべき者と指定された者は、当然に受益権を取得すると定めています。

同じく2項では、受託者は、受益者へ受益者となった旨を通知しなければならないと定めていますが、ただし書きで、「信託行為に別段

---

[57]　平川忠雄監修『民事信託実務ハンドブック』422頁では、「受益者は、受託者に対し受益権を放棄する旨の意思表示をすることができ、その場合には、当初から受益権を有していなかったものとみなすこととされています（信99）。これらの点を踏まえると、税務の観点からは、少なくとも受益の意思表示は早い段階で明確にしておくべきである」と述べている。

この見解は、受益権が放棄されたら、当初から受益権を有していなかったものとみなすと扱われるのであるから、贈与は遡及してなかったことになり、結果として、名義預金と認定されるという理論であると解釈できる（ただし、執筆者の真意は正確には読み取れない。）。

しかし、受益者が受益権を放棄する旨の意思表示をすることができるという問題と信託を活用しても名義預金と認定されるのか否かという問題は別問題と考えるべきだろう。つまり、受益者が受益権を放棄する旨の意思表示をすることができることは、信託を活用しても名義預金と認定される可能性があるという理由にはならないものと考える。

[58]　平川忠雄監修『民事信託実務ハンドブック』423頁

の定めがあるときは、その定めるところによる。」と定めています。この定めにより、信託行為（信託契約）で受益者に通知することを要しない、と別段の定めをすることはできると解釈して問題はないでしょう。そして、そのような定めがあっても、1項により、受益者は当然に受益権を取得すると解釈できます。

　このように、受益者が受益者となったことを知らず、その結果、受益の意思表示をしなくても受益権を取得できることが信託法では明確になっているといえます。そうすると、次の問題は、課税において、受益者が受益者となったことを知らず、その結果、受益の意思表示をしない場合、名義預金となるのか否かです。

（ウ）相続税法の定め

　相続税法9条の2第1項では、「信託（略）の効力が生じた場合において、適正な対価を負担せずに当該信託の受益者等（略）となる者があるときは、当該信託の効力が生じた時において、当該信託の受益者等となる者は、当該信託に関する権利を当該信託の委託者から贈与（略）により取得したものとみなす。」と定めています。

　条文を読む限り「受益者等となる者」について、受益の意思表示等を条件としていません。したがって、受益者が受益者となったことを知らず、その結果、受益の意思表示をしない場合でも、受益者として指定された者は「受益者等となる者」であると解釈して問題はないでしょう。

　また、信託法において、受益者は当然に受益権を有することになると定めていることとの整合性の観点からも、受益の意思表示等をしなくても、受益者として指定された者は、相続税法9条の2第1項に定める「受益者等となる者」であると解釈することが素直な解釈であると思われます。そうすると、受益者が受益者となったことを知らず、その結果、受益の意思表示をしない場合でも、その受益者が贈与を受けたものとみなされて贈与税が課税されると解釈することが妥当です。

一方で、もし本事例において、受益者が受益者となったことを知らず、その結果、受益の意思表示等をしない場合に名義預金となるというのならば、相続税法9条の2第1項が適用されないことになり、贈与税は課税されないことになると考えられます。こう考えた場合、名義預金となり、相続税法9条の2第1項の条文が適用されない根拠が分からなくなります。

　もっとも、相続税法9条の2第1項は、民法上の贈与の成立要件を満たすことを前提としていると解釈することも不可能ではないかも知れません。しかし、この規定は「贈与（略）により取得したものとみなす。」と定めるみなし規定です。みなし規定であるからには、民法上の贈与に該当しなくても贈与とみなす、と考えることが自然です。したがって、相続税法の文言どおりに、信託契約等により「受益者等（略）となる者があるとき」のみを要件として、贈与が成立しているものとみなす、と定めていると解釈すべきでしょう。要するに、信託を活用しても名義預金となるという見解の明確な法的根拠はないものと考えます。

　以上により、名義預金と認定されないための信託の事例は有効なものであり、信託を活用しても名義預金と認定されるリスクは低いものと考えます。

◆ 事例8

> オーナー経営者の父親は、長男へ会社を承継することを決めたの
> で、自社の株式を長男へ承継することも決定しました。
> 　株式を引き継ぐ方法として㈠生前贈与、㈡売買、㈢遺言の３つ
> の方法が考えられますが、どの方法も次のようなデメリットがある
> ことが問題です。

株式の 引継ぎ方法	デメリット
㈠生前贈与	・株式の評価額が高い場合、贈与税の負担が大きい。 ・贈与税節税のためには、長年かけて少しずつ贈与し 　なくてはならない。 ・現社長が認知症などになれば贈与できなくなる。
㈡売　　買	・次の社長が株式の買取資金を調達する必要がある。 ・現社長が株式の売却した際、譲渡所得税が課税され 　る場合がある。
㈢遺　　言	・生前に株式を次の社長に渡せないので、生前に経営 　権を移行できない。 ・生前に株式を渡せないので、現社長が株式を持った 　まま認知症などになると、議決権の行使など会社の 　運営に支障が生じる場合がある。

■ 信託による解決策───────────────────●

　次期社長である長男を受託者として株式を信託し、受益者を父親にし
ます。

◆ 株式の承継時に贈与税の負担を回避するための信託

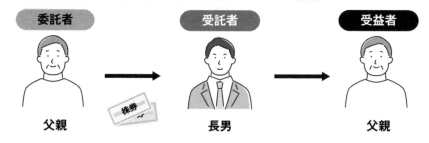

◆ 信託契約の内容

受託者	長男
委託者	父親
受益者	

　本事例では、株式の所有権は受託者である長男に移転するため、株式の議決権は次期社長である長男（受託者）に移ります。父親は、配当等を受けることや株式の売却代金を受ける権利である受益権を取得します。

　この場合、株式の配当を出していてもいなくても、税務上、株式の価値は父親に残ったままという取扱いがなされます。父親が持つ受益権の評価額は、株式の評価額と同額になります。

　一方、受託者として長男が取得する議決権などの株主としての権利自体には財産的価値はなく、その評価額はゼロと考えられます[59]。したがって、株式の経済的価値は、長男に移っていないとみなされ、長男に贈与税は課税されません。そもそも信託においては、受益者に対して課税されることが原則なので、受託者である長男に課税されることはありません。つまり、株式の議決権などの会社の経営権は長男に移るとい

---

[59]　国税庁「相続等により取得した種類株式の評価について（照会）」には、「無議決権株式については、原則として、議決権の有無を考慮せずに評価することとなる」とある。この記載からは、議決権に財産的価値はなく、その評価額はゼロと考えることが妥当である。
https://www.nta.go.jp/law/bunshokaito/hyoka/070226/another.htm

う、生前贈与と同じ効果がありながら、長男に贈与税は課税されません。

　ただし、現社長（父親）が死亡し、後継者である長男が信託財産である株式の帰属権利者となる場合には、長男に対して相続税が課税される可能性はあります。とはいえ、通常は相続税の方が贈与税より税負担が軽くなるケースが多いため、相続税で処理される点でメリットはあるといえるでしょう。

　また、株式を信託すれば、売買と比較した場合のメリットもあります。株式を長男に信託することで、株式は長男の名義になるにもかかわらず、長男は株式の購入資金を調達する必要がありません。また、売買の場合には、株式の保有者であった父親に所得税（譲渡所得税）が課税される可能性がありますが、信託の場合には、実質的に自社株という財産が長男に移っていないとみなされることから、父親に譲渡所得税が課税されることはありません。

　さらに、遺言と比較した場合のメリットもあります。遺言では、生前に株式を渡せないので、生前に経営権を移行できません。一方、信託では、議決権は、次期社長の長男に与えられるため、生前に、実質的に経営権を長男に移せます。また、遺言では、生前に株式を長男に渡せないので、株式を持ったまま、現社長である父親が認知症などになると、議決権の行使など会社の運営に支障が生じる場合があります。一方、信託では、生前に議決権が長男に移転するため、株式を持ったまま、現社長である父親が認知症などになるリスクを排除できます。

　信託と生前贈与、売買、遺言とを比較すると次のようになります。

◆ 他の株式の引き継ぎとの比較

	信 託	生前贈与	売 買	遺 言
税 務	贈与税も譲渡所得税も課税されない。ただし、相続税は課税される。	贈与税が課税される。	譲渡所得税が課税される。	相続税が課税される。
認知症リスク	リスク回避できる。	認知症になると贈与ができなくなる。	リスク回避できる。	認知症になると経営に支障が生じる。
経営権	生前に経営権を移せる。	生前に経営権を移せるが、贈与税の負担が生じる。	生前に経営権を移せるが、譲渡所得税の負担が生じる。	生前に経営権を移せない。

■ 自社株の信託をする場合の注意点 ─────────●

　現行税制では、信託を用いた場合には事業承継税制を適用できない点は注意を要します。事業承継税制は、事業承継の場合の未上場株式を贈与する場合に、納税を猶予し、最終的には贈与税・相続税が免除になるという、税務上は非常にメリットのある制度です。ただし、この制度は、株式そのものを贈与する場合に適用される制度であって、株式を信託した場合には適用がありません。

　株式の信託をする場合のメリットと、事業承継税制を活用する場合のメリットを、十分比較検討する必要があります。

9

子に自社株を贈与するが経営は引き続き自ら行うための信託の事例

◆ 事例9[60]

> オーナー経営者である父親は、自社の株式の評価額が上昇すると将来の相続税の負担が重くなることを心配しています。そこで、株価が低い今のうちに後継者となる予定の長男に自社の株式を贈与する予定です。しかし、長男はまだ経営者として育っていないので、経営は引き続き父親自ら行う意向があります。
>
> ただし、自社の株式そのものを長男に贈与すると、議決権も長男に移るので、経営を引き続き父親自ら行うことに支障が生じることが問題です。

■ 信託による解決策

自社の株式を信託財産として、受託者を父親自身とし（父親が委託者兼受託者となる）、受益者を長男とする信託を設定します。

◆ 信託契約の内容

委託者	父親
受託者	
受益者	長男

60　笹島修平『信託を活用した新しい相続・贈与のすすめ』153頁に同様の事例が紹介されている。

◆ 自己信託

　本事例のように委託者と受託者が同一人である信託を「自己信託」といいます。このような信託契約も設定できます。ただし、自己信託を設定するためには、信託法で要件が定められており、信託の契約書は公正証書等により作成しなければならないと定められています（信託法4条3項）[61]。したがって、自己信託を設定するには、公証役場にて「自己信託設定公正証書」を作成することが一般的といわれています。

　本事例のような内容の信託であれば、受益権は長男にあるため、株式の経済的な価値は長男に移転しています。実質的には、長男に株式を贈与したことと同様の効果が生じます。

　一方で、株式の議決権の行使は株式の所有権者である受託者が行います。つまり、議決権の行使は父親が行うことになります。長男は議決権の行使ができません。長男が保有しているのは受益権であって株式そのものではないため、株主として議決権を行使する権利を持たないからです。これにより、経営は引き続き父親自らが行うことになります。

■ 課税上の取扱い

　長男が取得する受益権の評価額は自社の株式の評価額と同額です。したがって、長男は父親から信託財産である自社株を贈与されたものとして、贈与税が課税されます（相続税法9条の2第1項）。

---

[61]　信託財産は委託者の固有財産とは分離されるので、委託者の債権者の執行対象財産から外れることが原則である（倒産隔離機能）。したがって、自己信託を安易に認めると執行免脱に悪用されるおそれがあり、これを防止するために自己信託の設定においては、公正証書等の作成などの厳格な要件が定められている。

◆ 事例 10

> 　同族会社のオーナー経営者である父親は、高齢となったので、自分の会社の経営権を長男に承継し、会社を退職することにしました。退職にあたって父親は、会社から 1 億円の退職金を受け取ることになりました。
>
> 　しかし、退職金の支給をすると会社は、資金繰りが乏しくなることが問題でした。そこで、会社は私募債（1 億円）を発行し、父親はその私募債を引き受けることにしました（資金を会社に環流させる）。会社は、父親に社債に関する利息を支払うことで、父親の退職後の現金収入を確保できるようにしました。
>
> 　問題は、父親が死亡した場合、父親が保有する私募債に対して相続税が課税されるので、その税負担が重くなることです。

■ 信託による解決策 [62]─────────────●

私募債を信託財産として、受託者を長男とします。

また、受益権を収益受益権と元本受益権に分割し、収益受益者を父親とし、元本受益者を長男とします。

信託期間は私募債の償還期間である 20 年とします。

62　このような信託のスキームは、高橋倫彦編著『受益権複層化信託の法務と税務』144-154 頁で紹介されている。

◆ 会社の資金繰り支援と相続税節税のための信託

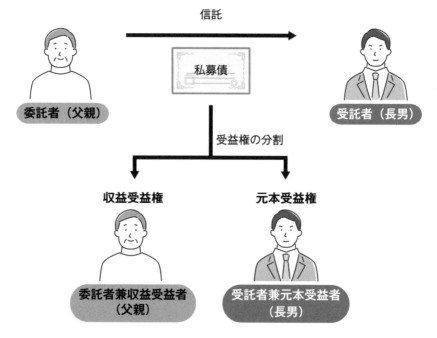

◆ 信託契約の内容

委託者	父親
受益者	収益受益者……父親 元本受益者……長男
受託者	長男
信託期間	社債の償還期限である20年。ただし、収益受益者または元本受益者のいずれかが死亡した場合、信託は終了する。

　このような信託契約の内容であれば、信託契約と同時に元本受益権が長男に贈与されることになるため、実質的に私募債を贈与できます。元本受益権は、信託終了時に信託元本である私募債を取得することができる権利であるからです。

　また、元本受益権は私募債の評価額より低くなり、贈与税の負担が軽減されます。これにより、贈与税を軽減しながら、私募債を父親の相続財産から外すことができます。結果として相続税が節税できるものと考

えられます。

■ 課税上の取扱い ──────────────────────────●

1　私募債の利払い

　この信託の収益は、私募債の利払いです。この利払いは、その支払時に利子所得として、所得税と復興特別所得税が源泉徴収されます[63]。

　また、私募債の利子でその同族会社の判定の基礎となった株主等が支払いを受けるものは（＝父親が受ける信託収益は）、総合課税となります（租税特別措置法3条1項4号）[64]。

2　贈与税・相続税

　本事例のような複層化信託契約の内容では、信託契約と同時に元本受益権が長男に贈与されたという取扱いになります。この場合、元本受益権の評価額に対して長男に贈与税が課税されます。

　一方、収益受益権は、委託者が取得するため、委託者である父親に対する課税はありません（複層化信託の課税については第3章を参照）。

　元本受益権の評価額は、私募債の評価額（1億円）から、収益受益権の評価額を差し引いて算出します（財産評価基本通達202）。収益受益権の評価額は、信託の収益である私募債の利払いの金額を基準に算出します。つまり、収益受益権の評価額は、利払いの金利で決まります。

　私募債の金利は、公募の公社債等に比較すると高くなります。同族会社が発行する私募債は、公募の公社債等に比較し信用度が低いので、現

---

[63]　高橋倫彦編著『受益権複層化信託の法務と税務』144頁

[64]　租税特別措置法3条1項4号は、利子所得の分離課税が<u>適用されないもの（＝総合課税となるもの）</u>として「特定公社債以外の公社債の利子で、その支払の確定した日（無記名の公社債の利子については、その支払をした日）においてその者を判定の基礎となる株主として選定した場合に当該公社債の利子の支払をした法人が法人税法第二条第十号に規定する同族会社に該当することとなるときにおける当該株主その他の政令で定める者が支払を受けるもの」を定めている。

状の民法の法定利率（3%）より高くなっても市場金利からかけ離れているとはいえないと考えられます[65]。

　私募債の金利の目安は、その会社が金融機関から無担保で長期借入をする場合の調達金利と同等であると考えられますが[66]、上記の事例における私募債の金利を5%と決定したものと仮定します。そうすると、この信託の収益は「500万円／年間」（私募債額面1億円×5%）です。

　そこで、信託収益（私募債の利払い）を「500万円／年間」として、財産評価基本通達202に従って収益受益権の評価額を算出すると、約9,768万円です（収益受益権の評価額の計算は、次頁の表を参照）[67]。

　収益受益権の評価額が算出できれば、元本受益権の評価額が算出できます。すなわち、私募債の評価額（1億円）から、収益受益権の評価額（約9,768万円）を差し引いた約232万円です。この場合、長男に課税される贈与税は約2万円です。

　このように、信託契約時に長男に課税される贈与税は、私募債そのものを直接贈与するより大きく節税できます（複層化した受益権の評価については第3章を参照）。

　また、信託終了時には課税上、元本受益者である長男は、父親が保有する収益受益権を取得したと取り扱われます。ただし、父親が保有する収益受益権は信託設定後、時間の経過とともにその価額は減少し、信託終了時（私募債の満期時）にその価額はゼロとなります。したがって、元本受益者である長男は、父親が保有する収益受益権を取得したと取り扱われても、課税関係は生じません。

65　高橋倫彦編著『受益権複層化信託の法務と税務』144頁
66　無担保の借入の金利を調査すると、1.5％～15％と幅がある（令和3年7月時点）。
67　令和3年6月時点の国税庁が発表した複利現価率を基準に算出。

以上により、20年という期間を要するものの、長男は約2万円の贈与税の負担のみで、1億円の私募債を取得できたことになります。

◆ 収益受益権の評価額の計算

年度	年間収益額見込①	複利現価率②	割引現在価値①×②
1	5,000,000	1.000	5,000,000
2	5,000,000	1.000	5,000,000
3	5,000,000	1.000	5,000,000
4	5,000,000	1.000	5,000,000
5	5,000,000	1.000	5,000,000
6	5,000,000	0.999	4,995,000
7	5,000,000	0.983	4,915,000
8	5,000,000	0.980	4,900,000
9	5,000,000	0.978	4,890,000
10	5,000,000	0.975	4,875,000
11	5,000,000	0.973	4,865,000
12	5,000,000	0.970	4,850,000
13	5,000,000	0.968	4,840,000
14	5,000,000	0.966	4,830,000
15	5,000,000	0.963	4,815,000
16	5,000,000	0.961	4,805,000
17	5,000,000	0.958	4,790,000
18	5,000,000	0.956	4,780,000
19	5,000,000	0.954	4,770,000
20	5,000,000	0.951	4,755,000
収益受益権の評価額			97,675,000

◆ 父親が保有する収益受益権の評価額の推移イメージ

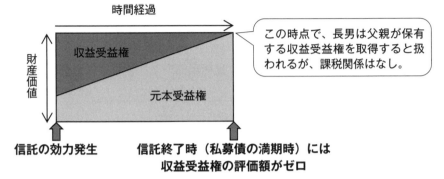

　信託終了後に父親の相続が発生するならば、その時点で私募債は、元本受益権に基づいて長男に所有権が移っているため、相続財産から外れています。結果として、父親に相続が発生しても私募債に対する相続税は課税されません。

　もっとも、私募債の満期（20年）前に父親が死亡した場合は、その時点で父親が保有している収益受益権の評価額に対して相続税が課税されます（相続税法基本通達9-13）。しかし、その時の収益受益権の評価額は信託設定時の収益受益権の評価額より下がっているため、信託を設定せずに私募債をそのまま長男が相続するよりは、相続税の負担を軽減できます。

◆ 私募債の満期前に父親が死亡した場合

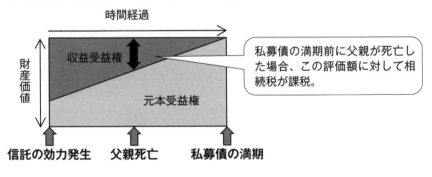

ただし、父親が信託収益（私募債の利払金）を費消せずに、金銭として蓄積していたら、その蓄積した金銭に相続税が課税されるので、相続税の節税はできていないことになります。したがって、父親が信託収益として蓄積した金銭を費消できないならば、相続税の節税を有効なものにするため、子などに贈与するなどして減らさなくてはなりません。

11 不動産流通税の節税のための信託の事例

活用事例

◆ 事例11

> テナントビルを所有する父親（70歳）は、そのテナントビルからの不動産収入が多いので所得税の節税をしたいと思っています。また、不動産収入の蓄積により預貯金も多額になってきていることから、将来の相続税の負担が重くなりそうなので、その節税もしたいと思っています。
>
> そこで、顧問税理士に相談したところ、長男が設立した資産管理会社に当該テナントビル（建物のみ）を売却することで、不動産収入をその会社へ移転することが所得税と相続税の節税になるとのアドバイスを得ました。
>
> しかし、このテナントビルを購入する資産管理会社に、不動産取得税と所有権移転登記の際の登録免許税のコスト（流通税）の負担があることが問題です。

父親：資産管理会社に建物を売却するのは良い方法だと思うけど、流通税が高いなあ！

■ 信託による解決策

　テナントビルの建物を信託財産として、父親が委託者兼受益者となり、長男を受託者として信託します。

　信託契約後、父親と長男が設立した資産管理会社との間で信託の受益権を父親から資産管理会社へ売却します。

◆ 従来の売買

不動産の「所有権」を売却

◆ 信託の受益権の売買

不動産の「受益権」を売却

◆ 信託契約の内容

委託者	父親
受託者	長男
受益者	父親
信託財産	・テナントビル等の不動産（建物のみ）

※ 信託契約後、父親から資産管理会社へ受益権を売却

　このような信託契約により、実物不動産の売買と同じように、資産管理会社へ家賃収入を移転できます。

　さらに、不動産の流通税を大幅に抑えることもできます。この場合の流通税は次のとおりです。

　まず、父親が受託者である長男へ信託した際の信託による受託者への所有権移転登記における登録免許税は、固定資産税評価額に対して 0.4％です。

　次に、受益権の売買は不動産の売買ではないので、資産管理会社に不動産取得税は課税されません。

　さらに、父親から資産管理会社への受益権の売却により受益者変更の登記を行うことになり、その登録免許税は、不動産 1 個当たり 1,000 円のみです。

一方で、不動産の売買の場合、不動産の売買による所有権登記に係る登録免許税は、固定資産税評価額に対して2%です。また、不動産取得税が対象不動産の固定資産税評価額に対して4%かかります。

　このように信託を活用した受益権の売買により、不動産の流通税を抑えることができます。

◆ 信託と売買の流通税の比較

	売買	信託
登録免許税	固定資産税評価額×2%	固定資産税評価額×0.4%
不動産取得税	固定資産税評価額×4%	なし
受益者変更登記	なし	不動産1個当たり1,000円

　例えば、固定資産税評価額1億円のテナントビルを個人から法人に譲渡した場合における流通税等を比較すると、信託の活用により次のように約450万円の節約ができます。

◆ 固定資産税評価額 1 億円のテナントビルを個人から法人に譲渡した場合

譲渡対象	売買	信託
	所有権	受益権
登録免許税	200 万円	・所有権移転および 　信託登記＝ 40 万円 ・受益者変更登記＝ 　不動産 1 個当たり 　1,000 円
不動産取得税	400 万円	－
信託に関する コンサルティング費用	－	100 万円 (注1)
契約書印紙代	6 万円	200 円 (注2)
信託契約公正証書 作成費用 (注3)	－	約 4 万円
司法書士報酬 (注3)	約 15 万円	約 30 万円
その他実費 (注3)	約 5,000 円	約 5,000 円
合　　計	約 621 万 5,000 円	約 174 万 6,200 円

（注 1 ）　信託に関するコンサルティング報酬の相場は、信託財産の価額の 1 ％であ
　　　　　るため、建物の固定資産税評価額 1 億円× 1 ％＝ 100 万円と算出した。
（注 2 ）　信託受益権の売買に係る契約書の印紙代は一律 200 円。
（注 3 ）　一例であり正確な金額ではない。

第**6**章

信託の会計

1 基本的考え方

　信託の会計は、受益者（委託者兼受益者の場合の委託者を含む）として信託財産から生じる収益費用をどのように経理処理するかという**受益者会計**と、受託者として信託財産に関する収益費用をどのように経理処理するかという**受託者会計**の2つに分かれます[1]。

　受益者会計は主に、受益者の税務申告に必要な経理処理として行われることが多いでしょう。信託は、受益者に対して課税することを基本としているため、納税義務者は受益者となることが原則であるからです。

　一方、受託者会計は、受益者が会計処理を行うのに十分な資料を提供することが主目的です。

　つまり、民事信託の会計は、受託者が受益者等へ報告を行うために行う会計と受益者が主に税務申告を行うための会計[2]というように別個の二元的なものであるといえます[3]。

　当然ながら、受託者会計は受託者自身の固有の会計とは全く別物です。

---

[1]　鯖田豊則『信託の会計と税務』143頁
[2]　民事信託内において銀行等からの借入を行っている場合は、債権者である銀行等に信託の収益などを開示する必要があるが、一般的に、銀行等は税務申告の書類の提供を求めることが通常であることから、税務申告を行うため会計を行っていれば銀行等への開示は十分足りるものと考えられる。
[3]　鯖田豊則『信託の会計と税務』145頁

◆ 民事信託の会計

民事信託の会計 { 受託者会計 … 受益者の会計に必要な情報の提供

受益者会計 … 主に税務申告を行うための会計

　信託の会計においては、その収益や費用の認識基準および受託者の受益者への開示基準等について、理論が完全には確立されていません[4]。特に、民事信託の会計は、理論も実務も確立されたものはないに等しい状況です。したがって、受益者の税務申告を適正に行うためなどの目的が達成できれば、受託者と受益者との間の合意による任意の方法で良いといえます[5]。

　ただし、いくら会計処理の方法が任意でよいといっても、恣意的、放漫的でよいというわけではないのは当然です。少なくとも、会計の原則である「一般に公正妥当と認められた会計原則」（真実性の原則、正規の簿記の原則、継続性の原則等）は遵守すべきでしょう。

◆ 民事信託の会計の基本的考え方

「一般に公正妥当と認められた会計原則」にしたがい、任意の方法でＯＫ

会計処理は税務申告がきちんとできればいいよ！

受益者

受託者

4　鯖田豊則『信託の会計と税務』145頁
5　鯖田豊則『信託の会計と税務』146頁

2　信託法の定め等

　信託法 13 条は「信託の会計は、一般に公正妥当と認められる会計の慣行に従うものとする。」と定めるのみで、詳細な規定がありません。

　この定めに関する実務指針として、「信託の会計処理に関する実務上の取扱い」と題した、企業会計基準委員会の回答が出されています。

企業会計基準委員会の回答 [6]

> 信託の会計を一般に公正妥当と認められる企業会計の基準に準じて行うことも妨げられないものの、新信託法においても、信託は財産の管理又は処分の制度であるというこれまでの特徴を有しているため、今後も、これまでと同様に明らかに不合理であると認められる場合を除き、信託の会計は信託行為の定め等に基づいて行うことが考えられる。

　以上の実務指針からは、信託の会計は、企業会計の基準にしたがう必要はないといえます [7]。信託法 13 条では「会計の慣行に従う」とのみ定めており、企業会計基準委員会の回答は「信託行為の定め等に基づいて行う」と回答しているのみであるからです。

　したがって、企業会計の基準に定める発生主義による会計ではなく、保守的な現金主義による会計なども、継続性を守る限り許容されると思われます [8]。例えば、自宅を信託する場合など単純な管理型の信託の場合は、税務申告さえ不要な信託ですから、現金主義による会計で十分でしょう。

---

[6]　企業会計基準委員会 実務対応報告第 23 号「信託の会計処理に関する実務上の取扱い」14 頁
[7]　成田一正・金森健一・鈴木望『賃貸アパート・マンションの民事信託の実務』345 頁
[8]　成田一正・金森健一・鈴木望『賃貸アパート・マンションの民事信託の実務』345 頁

受託者会計と受益者会計

信託法 37 条では、受託者の義務として帳簿等の作成、報告および保存の義務を定めています[9]。

1 受託者の帳簿等の作成義務

受託者は、信託財産に係る帳簿その他の書類または電磁的記録を作成しなければなりません[10]。ただし、信託法においては、具体的にどのような帳簿を作成するのかなどの詳細な定めはありません。一般的に帳簿とは、金銭出納帳、仕訳帳、総勘定元帳などをいいますが、実際に作成する帳簿をどれにするか、またどこまで詳細に記録するかは、当事者の任意に委ねられています[11]。

なお、自宅を信託する場合など単純な管理型の信託では、「帳簿」と呼ぶべき書類を備えるまでの必要さえない場合もあり得ます[12]。このような場合は、他の目的で作成された書類または電磁的記録をもって信託帳簿とすることができます[13]。例えば、通帳の入出金の記録のみ作成することや財産目録に相当する書類が作成されれば十分な場合などが考えられ、そのような簡便な書類のみ作成することでも許容されます[14]。

---

[9]　他方で、受益者には、信託事務の処理についての報告請求権（信託法 36 条）と帳簿等の閲覧等の請求権（信託法 38 条）を定めている。

[10]　信託法 37 条 1 項

[11]　鯖田豊則『信託の会計と税務』154 頁

[12]　遠藤英嗣『全訂 新しい家族信託』257 頁

[13]　信託計算規則 4 条 2 項。

[14]　遠藤英嗣『全訂 新しい家族信託』258 頁

また、受託者は、信託契約で信託事務の処理を第三者に委託する旨または委託することができる旨の定めをおいた場合など一定の場合には、帳簿等の作成などを第三者に委託することができます（信託法28条）。

② 受託者の報告義務

受託者は帳簿を作成したうえで、毎年1回、一定の時期に貸借対照表、損益計算書その他の法務省令で定める書類または電磁的記録を作成し、受益者に報告しなければなりません[15]。

このように定められているため、受益者が個人の場合は、所得税の計算期間と合わせて、信託の計算（会計）期間も1月1日から12月31日までの暦年としておくことが実務上は便利です[16]。

③ 受託者の会計処理の方法

受託者が行う会計処理の方法については、一般に公正妥当と認められる会計の慣行に従い[17]、信託行為の趣旨を斟酌しなければならない[18]、とすることが法の定めです。では、信託の会計の慣行とは、具体的にどのような会計処理方法なのでしょうか。

受託者の会計における信託会計については、従来から保守的現金主義で行われることが慣行になっています。ただし、現金主義をベースにしつつも、費用の見越しや収益の繰り延べなど当期利益のマイナス要因のみ決算修正します。一方、費用の繰り延べや収益の見越しなど当期利益のプラス要因は決算修正しません。このように、受託者会計における信託会計の慣行は、保守的現金主義よりもさらに保守的な、超保守的な現金主義を採用しています[19]。

---

[15]　信託法37条2項
[16]　成田一正・金森健一・鈴木望『賃貸アパート・マンションの民事信託の実務』346頁
[17]　信託法13条
[18]　信託計算規則4条6項

このような超保守的な現金主義が信託の会計慣行となったのは、信託銀行等が商事信託として行ってきた合同運用の金銭信託における会計処理を中心として会計慣行が形成されてきたからです。合同運用の金銭信託においては、不特定多数の受益者が存在し、かつ、その受益者は頻繁に異動します。したがって、信託財産の確定が何よりも重んじられるために、超保守的な現金主義の会計を行わざるを得ないという事情があります[20]。

　とはいえ、民事信託においては、信託銀行が商事信託として行う合同運用の金銭信託とは事情が全く異なります。民事信託における受託者の会計処理の方法が、このような超保守的な現金主義である必要はありません。法の定める範囲内であれば、受託者と受益者との間の合意による任意の方法で良いといえます。

　民事信託では、会計処理を行う目的の多くは、受益者の税務申告を適正に行うことこそ主目的であり、税務申告を行う受益者の利便性を優先すべきと思われます。その場合、発生主義で行うことが受益者にとって便利であることが多いでしょう。他方、自宅の信託など、単純な管理型の信託の場合は、単純に現金の受払の事実のみに基づいて、会計処理を行えば良いものと思われます。

　ただし、いずれの会計処理の方法を採用したとしても、一度決めた処理方法は、継続して適用する必要があります。合理的理由がない限り、みだりに変更してはならないと考えるべきでしょう。

4　受託者の書類の保存義務

　受託者は、帳簿等、信託事務の処理に関する書類を作成・取得した場合には、原則としてその作成・取得後10年間保存しなければなりません[21]。ただし、受益者にその書類や写しを交付した場合には、書類の保存義務は免除されます。

19　鯖田豊則『信託の会計と税務』143-144頁
20　鯖田豊則『信託の会計と税務』144頁
21　信託法37条4項、5項

また、受託者が、貸借対照表、損益計算書、財産目録などを作成した場合は、原則として信託の清算結了まで保存しなければなりません[22]。ただし、それらの書類の作成後 10 年を経過した後に、受益者にその書類や写しを交付した場合には、書類の保存義務は免除されます。

◆ 受託者の書類の保存義務

書　類	原　則	例　外
帳簿等	作成後 10 年間	受益者にその書類や写しを交付した場合、保存義務は免除
信託事務の処理に関する書類（領収書等）	作成・取得後 10 年間	受益者にその書類や写しを交付した場合、保存義務は免除
貸借対照表、損益計算書、財産目録など	信託の清算結了の日まで	作成から 10 年経過後に受益者にその書類や写しを交付した場合、保存義務は免除

5　受益者会計

　前述のとおり、民事信託における受益者が行う会計は、税務申告を行うことを目的として行うことが多いでしょう。

　そのような場合、受益者が行う会計処理は、受託者から報告を受けた情報・資料等に基づき、信託が設定されていない場合と同様の会計処理を行います。信託が設定されているからといっても、特別な処理を行うことはありません。

　すなわち、受益者会計は、受益者の固有の会計と同一の基準により、受益者自らが決算したのと同じ結果になるべきものと考えられます[23]。

22　信託法 37 条 6 項
23　鯖田豊則『信託の会計と税務』159 頁

　以下では、事例として、不動産と現金を信託財産とした場合の会計処理（仕訳）の一例を示します[24]。

　なお、消費税についても、他の税目と同様に、原則として受益者が申告・納税の義務を負いますが（消費税法 14 条 1 項）[25]、以下の仕訳例では、簡便化のために、消費税に関しては省略して記載します。

◆ 事　例

信託財産	不動産（アパート）と現金
委託者	父親
受益者	父親
受託者	長男

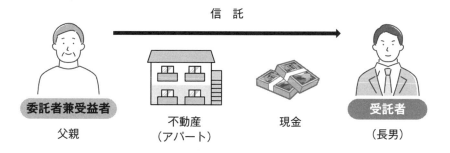

信　託

委託者兼受益者　　　　不動産　　　現金　　　受託者
　父親　　　　　　　（アパート）　　　　　　（長男）

24　以下の仕訳例は、成田一正・金森健一・鈴木望『賃貸アパート・マンションの民事信託の実務』350-357 頁を参照している。

25　消費税法 14 条 1 項では、「信託の受益者（略）は当該信託の信託財産に属する資産を有するものとみなし、かつ、当該信託財産に係る資産等取引（略）は当該受益者の資産等取引とみなして、この法律の規定を適用する。」と定める。

1 信託設定時の仕訳例

信託設定時には、委託者から受託者へ信託財産の引渡し（所有権移転）という取引が発生しますので、その取引の記帳（仕訳）が必要です。

事例における受託者と受益者の仕訳[26] の例は、次のとおりです。

◆ 受託者

現金	×××	預り敷金	×××
土地	×××	信託元本	×××
建物	×××		

◆ 受益者

信託現金	×××	現金	×××
信託土地	×××	土地	×××
信託建物	×××	建物	×××
預り敷金	×××	信託預り敷金	×××

なお、受益者は、法的には信託財産を所有しておらず、受益権を保有するのみですが（＝信託財産の所有権を保有していませんが）、信託財産を直接保有するものとして会計処理を行います[27]。

2 不動産（建物・土地）の計上価額

❶の仕訳においては、各勘定科目の金額をいくらにするのかが問題です。ただし、現金はそのままの金額ですから、問題はないでしょう。また、預り敷金も賃借人から預かった金額そのままですから、問題はないと思われます。

問題は、土地と建物の金額をいくらで計上するかです。

---

[26] 以下、複式簿記を前提とし、受益者は個人を前提とした仕訳とする。

[27] 成田一正・金森健一・鈴木望『賃貸アパート・マンションの民事信託の実務』351頁

信託財産が不動産の場合、時価で計上することが原則です[28]。とはいえ「時価」が明確ではありませんので、委託者の帳簿価額、固定資産税評価額、相続税評価額等を計上することが一般的です[29]。帳簿価額、固定資産税評価額、相続税評価額等どの価額を計上しても特段問題はありません。

　受益者会計では、建物については、確定申告において減価償却をする必要があるので、委託者の帳簿価額で計上することが分かりやすいでしょう。この場合、土地も帳簿価額（取得価額）で計上すれば良いものと思われます。

　一方、受託者会計では、建物について減価償却を行わないことが通常ですから、委託者の帳簿価額で計上しなくても差し支えないものと思われます。

　受益会計と受託者会計で別々の計上価額であっても特段問題はありません。信託の会計において受益者会計と受託者会計は、その会計目的が異なるものであり、別個の二元的なものであるからです。

　例えば、信託の設定の目的が相続対策である場合には、受託者会計においては、建物・土地の計上価額を相続税評価額とすることも一つの方法です。将来の委託者や受益者の相続の際の相続税の申告において、その評価額が必要になることが想定され、実際に相続が発生したときに相続税評価額の作業がスムーズになると考えられるからです[30]。

3 信託元本

　❶の仕訳例のとおり、受託者の会計では、信託元本という勘定科目が登場します。この信託元本は、信託設定時に受託者が受け入れた資産と負債の差額です。貸借の金額を同じにするための科目です。

　個人事業における元入金や、法人における資本金や純資産と同様の科

28　菅野真美『税理士のための民事信託』74 頁
29　成田一正・金森健一・鈴木望『賃貸アパート・マンションの民事信託の実務』351 頁
30　菅野真美『税理士のための民事信託』75 頁

目と考えれば良いでしょう[31]。

4　信託期間中の仕訳例

　信託期間中の仕訳は、信託の設定がない場合の仕訳と何ら変わることはありません。通常の収入および費用の支払いについて、個人事業や会社の経理処理と同様に行えば良いということです。

　ただし、受益者においては、受託者からの報告に基づいて、期末に一括して記帳することが通常と思われます。また、受益者は、信託の設定がないものと同様の会計処理の結果となるべき会計を行いますが、信託設定の事実が分かる勘定科目を使うことが望ましいものと考えられます[32]。

　なお、受託者会計において、不動産事業以外の受益者個人の生活費等に関する支出があった場合は、信託の設定がない場合と同様に店主勘定（または事業主勘定）を使えば良いでしょう[33]。店主勘定（または事業主勘定）以外のその他の勘定科目として、その支出の内容が分かるような勘定科目（例えば「生活費」「税金」「医療費」等）を使用して処理しても良いでしょう[34]。

　あるいは、その生活費の給付が、信託利益（家賃収入等）の中から給付される場合は、受益者に対する信託利益の給付として会計処理を行うことでも良いものと考えられます。いずれにしても、受益者と受託者で合意したやり方で仕訳を行えば良いでしょう。

　仕訳の具体例は、次のとおりです。

31　菅野真美『税理士のための民事信託』76 頁
32　鯖田豊則『信託の会計と税務』450 頁
33　事業主勘定ではなく「受益者勘定」などを使うこともできる（菅野真美『税理士のための民事信託』77 頁）
34　菅野真美『税理士のための民事信託』77 頁

■例1　金融機関からの借入により建物を建設した場合[35] ●

◆ 受託者

普通預金	×××	借入金	×××
建物	×××	普通預金	×××

◆ 受益者

信託預金	×××	信託借入金	×××
信託建物	×××	信託預金	×××

■例2　家賃収入・費用の支払い ●

◆ 受託者

普通預金	×××	家賃収入	×××
管理費	×××	普通預金	×××

◆ 受益者

信託預金	×××	家賃収入	×××
信託管理費	×××	信託預金	×××

■例3　生活費等の支払いをした場合 ●

○　通常の仕訳方法

◆ 受託者

店主勘定[36]	×××	普通預金	×××

◆ 受益者

店主勘定	×××	信託預金	×××

---

[35] 成田一正・金森健一・鈴木望『賃貸アパート・マンションの民事信託の実務』352頁

[36] 勘定科目名としては「店主」勘定の他「事業主」勘定（「事業主借」または「事業主貸」）を使用することでも良い（以下、同じ）。あるいは「生活費」等使途が分かる勘定科目を用いても良いものと思われる。

■受益者に対する信託利益の給付として仕訳する場合（6**参照）──●**

◆ 受託者

信託元本留保口 （繰越利益剰余金）	×××	普通預金	×××

◆ 受益者

店主勘定	×××	信託預金	×××

5 決算仕訳例

　決算仕訳も、信託の設定がない場合の仕訳と何ら変わることはありません。

　具体例は次のとおりです。ただし、減価償却については、通常、受託者において計上はしないため、受益者のみが仕訳を行います[37]。

■例1　家賃の前受けがあった場合 ──────────●

◆ 受託者

普通預金	×××	前受収益 （家賃収入）	×××

◆ 受益者

信託預金	×××	前受収益 （家賃収入）	×××

37　成田一正・金森健一・鈴木望『賃貸アパート・マンションの民事信託の実務』
　　353 頁

■例2　修繕費の前払いがあった場合 ●

◆ 受託者

前払費用 （修繕費）	×××	普通預金	×××

◆ 受益者

前払費用 （修繕費）	×××	信託預金	×××

■例3　減価償却費の計上 ●

◆ 受託者

仕訳なし

◆ 受益者

減価償却費	×××	信託建物	×××

6 受託者から受益者（個人）への金銭の給付

　信託においては、信託財産から生ずる利益を一次的に受託者が得るとしても、最終的には受託者から受益者へ給付されます。この給付は、会社が繰越利益剰余金を株主へ配当として支払うときの仕訳と同様に考えられます。

　このため、会計ソフトなどで受託者会計を仕訳する際は、個人事業用のものではなく、法人（会社）仕様の会計ソフトがおすすめです。法人用の会計ソフトにおいては、当期の利益を繰越利益剰余金として自動的に仕訳されることが多く、便利です。

　仕訳例としては、次のようなものが考えられます[38]。

◆ 受託者

信託元本留保口 （繰越利益剰余金）	×××	普通預金	×××

◆ 受益者

店主勘定	×××	信託預金	×××

7 翌期首の仕訳

　翌期首において受託者は、信託利益のうち内部留保する額を信託元本留保口（会社の会計でいう繰越利益剰余金）に振り替えます。

　仕訳例としては次のようなものが考えられます[39]。

◆ 受託者

信託利益	×××	信託元本留保口 （繰越利益剰余金）	×××

◆ 受益者

信託利益	×××	店主勘定	×××

---

[38]　成田一正・金森健一・鈴木望『賃貸アパート・マンションの民事信託の実務』355 頁

[39]　成田一正・金森健一・鈴木望『賃貸アパート・マンションの民事信託の実務』355 頁

8 受益権の売却時の仕訳

受託者が信託不動産の受益権を売却した場合、受益者は、信託不動産を直接保有し、その信託不動産を売却したものとして仕訳処理をします。

この場合、受託者が保有する信託財産に変動はないため、受託者の仕訳処理はありません。

○ 売却益がある場合

◆ 受託者

仕訳なし

◆ 受益者

現金預金	×××	信託土地	×××
		固定資産売却益	×××

○ 売却損がある場合

◆ 受託者

仕訳なし

◆ 受益者

現金預金	×××	信託土地	×××
固定資産売却損	×××		

9 信託終了時の仕訳

　信託終了時には、受託者は、信託契約に定められた残余財産受益者等に対して、残余財産を給付（引渡し）します。このとき、基本的には、信託設定時の仕訳の反対仕訳となります。

　仕訳例としては、次のようなものが考えられます。

◆ 受託者

預り敷金	×××	現金	×××
信託元本	×××	土地	×××
		建物	×××

◆ 受益者

現金	×××	信託現金	×××
土地	×××	信託土地	×××
建物	×××	信託建物	×××
信託預り敷金	×××	預り敷金	×××

第7章

税務署への提出書類（法定調書）

受託者が提出する書類
（信託開始時等）

提出書類

信託の開始後は、税務署へ書類（法定調書）を提出します。

このとき、❶受託者が税務署に書類の提出をする必要がある場合と、❷受託者が税務署に書類を提出する必要がない場合があります。

1 書類の提出をする必要がある場合

信託開始後、以下の事由が生じたときに、受託者は、受託者の住所地を所轄する税務署に、法定調書の提出が必要です。

・信託の効力が発生したとき
・信託期間中に受益者を変更したとき
・信託が終了したとき
・信託に関する権利の内容が変更になったとき

提出期限は、上記の事由が生じた日の属する月の翌月末日です。

提出すべき法定調書は、「信託に関する受益者別（委託者別）調書」と「信託に関する受益者別（委託者別）調書合計表」です。

◆ 信託に関する受益者別（委託者別）調書

○「個人番号又は法人番号」欄に個人番号（12桁）を記載する場合には、右詰で記載します。

信託に関する受益者別（委託者別）調書

受益者	住所（居所）又は所在地	氏名又は名称	個人番号又は法人番号
特定委託者	住所（居所）又は所在地	氏名又は名称	個人番号又は法人番号
委託者	住所（居所）又は所在地	氏名又は名称	個人番号又は法人番号
信託財産の種類			
信託財産の所在場所	構造・数量等	信託財産の価額	
信託に関する権利の内容	信託の期間 自 ・ ・ 至 ・ ・	提出事由	提出事由の生じた日	記号番号
（摘要）			

受託者	所在地又は住所（居所）	営業所の所在地等	名称又は氏名（電話）（電話）	法人番号又は個人番号

（令和　年　月　日提出）

整理欄	①	②

◆ 信託に関する受益者別（委託者別）調書合計表

（用紙 日本産業規格 Ａ４）

2 　税務署に書類を提出する必要がない場合

❶の事由が生じた場合であっても、次の場合は、受託者は法定調書提出の必要はありません。

> ・信託の効力発生時に委託者と受益者が同一人（自益信託）である場合
> ・受益者別に評価した信託財産の相続税評価額が 50 万円以下の場合
> ・信託終了直前の受益者と帰属権利者が同一人である場合
> ・信託終了時に残余財産がない場合

民事信託の場合、委託者と受益者が同一人（自益信託）である場合が多いといえます。その場合は、信託の開始時に受託者が税務署に書類を提出する必要はありません。

受託者が提出する書類（信託期間中）

受託者は、信託期間中は、各人別の信託財産に帰せられる収益の額が3万円以下（計算期間が1年未満の場合は1万5,000円以下）である場合を除いて、「信託の計算書」および「信託の計算書合計表」を、受託者の住所地を所轄する税務署に提出する必要があります。提出期限は、毎年1月31日までです。

この法定調書には、信託財産にかかる収益費用、資産負債をすべて集計する必要があります。したがって、ほぼ個人の確定申告書が完成できるレベルでないと法定調書も完成できないのですが、提出期限が毎年1月31日までとなっています。確定申告より早く提出期限が到来するため、その点を踏まえて日頃から経理処理を進めなければなりません。

なお、「信託の計算書」の受益者を記載する欄について、「信託財産に帰せられる収益及び費用の受益者等」と「元本たる信託財産の受益者等」に分かれているのは、受益権を収益受益権と元本受益権に分割した受益権複層化信託を想定しているからです。

◆ 信託の計算書

信 託 の 計 算 書
（自 　年 　月 　日至 　年 　月 　日）

信託財産に帰せられる 収益及び費用の受益者等	住所（居所）又は所在地		
	氏 名 又 は 名 称		番号
元本たる信託財産の 受 益 者 等	住所（居所）又は所在地		
	氏 名 又 は 名 称		番号
委 託 者	住所（居所）又は所在地		
	氏 名 又 は 名 称		番号
受 託 者	住所（居所）又は所在地		
	氏 名 又 は 名 称	（電話）	
	計算書の作成年月日	年 　月 　日 番 号	

信託の期間	自 　　年 　月 　日 至 　　年 　月 　日	受益者等 の異動	原 　　因	
信託の目的			時 　　期	
受益者等に 交付した 利益の内容	種 　類		受託者の 受けるべき 報酬の額等	報酬の額又は その計算方法	
	数 　量			支 払 義 務 者	
	時 　期			支 払 時 期	
	損益分配割合			補てん又は 補足の割合	

収 益 及 び 費 用 の 明 細

収 益 の 内 訳	収 益 の 額	費 用 の 内 訳	費 用 の 額
	千　　　円		千　　　円
収 益		費 用	
合 　計		合 　計	

資 産 及 び 負 債 の 明 細

資産及び負債の内訳	資産の額及び負債の額	所 在 地	数 量	備 　考
	千　　　円			
資 産				
合 　計		（摘要）		
負 債				
合 　計				
資産の合計－負債の合計				

整 理 欄	①	②

357

◆ 信託の計算書合計表

○ 平成28年1月1日以後提出用

信託の計算書合計表

信託財産の種類	件数	件	収益の額	費用の額	資産の額	負債の額
			円	円	円	円
金　銭						
有価証券						
不　動　産						
そ　の　他						
計						

（摘要）

○ 提出媒体欄には、コードを記載してください。（電子＝14、FD＝15、MO＝16、CD＝17、DVD＝18、書面＝30、その他＝99）
（注）平成27年12月31日以前に開始する事業年度に係る合計表と、平成28年12月31日以前にこの合計表を提出する場合（信託会社以外の受託者にあっては、平成28年12月31日以前に提出する場合）には、「個人番号又は法人番号」欄に何も記載しないでください。

（用紙　日本産業規格　A4）

1 不動産所得がある場合

　信託から生じる不動産所得を有する個人は、通常の確定申告書に添付する不動産所得用の明細書の他に、信託に係る明細書も添付する必要があります[1]。

　この明細書に記載すべき事項は、次の2項目です[2]。

> ・信託から生ずる不動産所得に係る賃貸料その他の収入の別
> ・信託から生ずる不動産所得に係る減価償却費、貸倒金、借入金利子およびその他の経費の別

　なお、これらの事項を記載すべき明細書の書式は現状では定められておらず、上記の事項が記載されていればどのような書式でも問題ありません。

　一つの例ですが、次のような書式の明細書を確定申告書に添付すれば十分と思われます。

---

[1]　租税特別措置法施行令26条の6の2第6項
[2]　租税特別措置法施行規則18条の24

◆ 信託に係る明細書

令和○年分　確定申告　「信託に係る明細書」

[不動産収益]	所在等	金額
受取地代	○○県○○市○○町1−1−1	1,000,000
受取家賃	○○県○○市○○町1−1−2	2,000,000
受取家賃	○○県○○市○○町1−1−3	1,000,000
月極駐車場代	○○県○○市○○町1−1−4	500,000
雑収入		10,000
不動産収益合計		4,510,000
[不動産必要経費]		
租税公課		1,500,000
借入金利子		1,000,000
保険料		50,000
修繕費		500,000
減価償却費		700,000
不動産管理費		300,000
水道光熱費		150,000
消耗品費		10,000
旅費交通費		5,000
通信費		50,000
支払手数料		20,000
接待交際費		5,000
広告宣伝費		10,000
事務用品費		500
支払報酬		100,000
必要経費合計		4,400,500
差引所得金額		109,500

2 受益権を取得し、贈与税または相続税の申告を行う場合

　相続（または遺贈）や贈与により受益権を取得した場合、受益権の評価額に対して課税されるため、その評価額の計算について「信託受益権の評価額明細書」を相続税・贈与税の申告書に添付する必要があります。

◆ 信託受益権の評価額明細書

信 託 受 益 権 の 評 価 明 細 書		被相続人 氏　名		
信託財産の所在・種類・数量				
委 託 者 の 住 所 氏 名				
受 託 者 の 住 所 氏 名				
受 託 契 約 締 結 の 年 月 日		受益の時期	元　本	
			収　益	
受 益 者 の 住 所 氏 名				
受 益 財 産 の 区 分	元　本　（ 全部・一部 ）　（ 金銭・金銭以外 ）			
	収　益　（ 全部・一部 ）　（ 金銭・金銭以外 ）			

1　元本と収益との受益者が同一人である場合又は元本と収益との受益者が元本及び収益の一部を受ける場合

信 託 財 産 の 種 類	① 信託財産の相続税評価額	② 受益者の受益割合	評 価 額 （ ① × ② ）
	円	%	円

2　元本と収益との受益者が異なる場合
　イ　元本の受益権

信 託 財 産 の 種 類	A 信託財産の相続税評価額	B　収益の受益権の価額 （ Dの価額 ）	C　元本の受益権の価額 （ A － B ）
	円	円	円

　ロ　収益の受益権

受 益 の 時 期	① 将来受けるべき 利益の価額	②　課税時期から受益の時期 までの期間に応ずる基準 年利率による複利現価率	③ （ ① × ② ）	摘　要　（「将来受けるべき利益の価額」 の算定根拠等 ）
第　　年目	円		円	
第　　年目				
第　　年目				
第　　年目				
第　　年目				
第　　年目				
第　　年目				
第　　年目				
第　　年目				
第　　年目				
D　収益の受益権の価額（ ③の合計額 ）		円		

（資4－33－A4統一）

（ア）受益権が複層化されていない場合

　受益権が複層化されていない場合（元本と収益の受益者が同一人である場合、または元本と収益の受益者が元本と収益の一部を受ける場合）、受益権の評価額は信託財産の価額と同額です。

　したがって、受益権の評価額を計算する場合は、信託財産の評価額を計算する必要があるため、「信託受益権の評価額明細書」だけでなく、その信託財産に係る評価の明細書も相続税や贈与税の申告書に添付する必要があります。

　例えば、土地が信託財産である場合は「土地及び土地の上に存する権利の評価明細書」を添付します。

◆ 土地及び土地の上に存する権利の評価明細書

土地及び土地の上に存する権利の評価明細書（第1表）						局（所）	署	年分	ページ

所在地番	（住居表示）	（　　　　　　）	所有者	住　所（所在地）		使用者	住　所（所在地）	
				氏　名（法人名）			氏　名（法人名）	

地　　目		地　積	路　　線　　価					地形図及び参考事項
宅　地　山　林 田 畑　　雑種地（　　）		㎡	正　面 円	側　方 円	側　方 円	裏　面 円		

間口距離	m	利用区分	自用地　　　私　道 貸宅地　　貸家建付借地権 貸家建付地　　転貸借地権 借地権（　　　）	地区区分	ビル街地区　　普通住宅地区 高度商業地区　中小工場地区 繁華街地区　　大工場地区 普通商業・併用住宅地区		
奥行距離	m						

自用地1平方メートル当たりの価額					
1　一路線に面する宅地 　　（正面路線価）　　　　　（奥行価格補正率） 　　　　　　円　×　　0.				（1㎡当たりの価額）円	A
2　二路線に面する宅地 　　（A）　　　　　　［側方・裏面　路線価］（奥行価格補正率）　［側方・二方　路線影響加算率］ 　　　円　＋　（　　　円　×　0.　　×　　0.　）				（1㎡当たりの価額）円	B
3　三路線に面する宅地 　　（B）　　　　　　［側方・裏面　路線価］（奥行価格補正率）　［側方・二方　路線影響加算率］ 　　　円　＋　（　　　円　×　0.　　×　　0.　）				（1㎡当たりの価額）円	C
4　四路線に面する宅地 　　（C）　　　　　　［側方・裏面　路線価］（奥行価格補正率）　［側方・二方　路線影響加算率］ 　　　円　＋　（　　　円　×　0.　　×　　0.　）				（1㎡当たりの価額）円	D
5-1　間口が狭小な宅地等 　　（AからDまでのうち該当するもの）　（間口狭小補正率）　（奥行長大補正率） 　　　　円　×　（　　0.　　×　　0.　）				（1㎡当たりの価額）円	E
5-2　不　整　形　地 　　（AからDまでのうち該当するもの）　　　不整形地補正率※ 　　　　円　×　　0. 　※不整形地補正率の計算 　（想定整形地の間口距離）　（想定整形地の奥行距離）　（想定整形地の地積） 　　　　　m　×　　　　　m　＝　　　　　㎡ 　（想定整形地の地積）　（不整形地の地積）　（想定整形地の地積）　（かげ地割合） 　（　　㎡　－　　　　㎡）　÷　　　㎡　＝　　　％ 　（不整形地補正率表の補正率）（間口狭小補正率）　　　　　　　　　　　　　　　　［不整形地補正率 　　　0.　　　　×　　0.　　　＝　0.　①　　　①、②のいずれか低い 　（奥行長大補正率）　　（間口狭小補正率）　　　　　　　　　　　　率、0.6を下限とする。］ 　　　0.　　　　×　　0.　　　＝　0.　②				（1㎡当たりの価額）円	F
6　地積規模の大きな宅地 　　（AからFまでのうち該当するもの）　　規模格差補正率※ 　　　　円　×　　0. 　※規模格差補正率の計算 　（地積（Ⓐ））　（Ⓑ）　（Ⓒ）　（地積（Ⓐ））　（小数点以下2位未満切捨て） 　（　　㎡　×　　＋　　）　÷　　㎡　×　0.8　＝　0.				（1㎡当たりの価額）円	G
7　無　道　路　地 　　（F又はGのうち該当するもの）　　　　　（※） 　　　　円　×　（　1　－　0.　） 　※割合の計算（0.4を上限とする。） 　（正面路線価）　（通路部分の地積）　　F又はGのうち該当するもの　（評価対象地の地積） 　（　　円　×　　㎡）　÷　（　　円　×　　㎡）　＝　0.				（1㎡当たりの価額）円	H
8-1　がけ地等を有する宅地　　［南　、東　、西　、北　］ 　　（AからHまでのうち該当するもの）　（がけ地補正率） 　　　　円　×　　0.				（1㎡当たりの価額）円	I
8-2　土砂災害特別警戒区域内にある宅地 　　（AからHまでのうち該当するもの）　　特別警戒区域補正率※ 　　　　円　×　　0. 　※がけ地補正率の適用がある場合の特別警戒区域補正率の計算（0.5を下限とする。） 　（特別警戒区域補正率表の補正率）　（がけ地補正率）　（小数点以下2位未満切捨て） 　　　0.　　　　×　　0.　　　＝　0.				（1㎡当たりの価額）円	J
9　容積率の異なる2以上の地域にわたる宅地 　　（AからJまでのうち該当するもの）　（控除割合（小数点以下3位未満四捨五入）） 　　　　円　×　（　1　－　0.　）				（1㎡当たりの価額）円	K
10　私　　　　道 　　（AからKまでのうち該当するもの） 　　　　円　×　　0.3				（1㎡当たりの価額）円	L

自用地の評価額	自用地1平方メートル当たりの価額 （AからLまでのうちの該当記号） （　　）円	地　　積 ㎡	総　　　　　額 （自用地1㎡当たりの価額）×（地積） 円	M

（注）1　5-1の「間口が狭小な宅地等」と5-2の「不整形地」は重複して適用できません。
　　　2　5-2の「不整形地」の「AからDまでのうち該当するもの」欄の価額について、AからDまでの欄で計算できない場合には、（第2表）の「備考」欄で計算してください。
　　　3　「がけ地等を有する宅地」であり、かつ、「土砂災害特別警戒区域内にある宅地」である場合については、8-1の「がけ地等を有する宅地」欄ではなく、8-2の「土砂災害特別警戒区域内にある宅地」欄で計算してください。

（資4-25-1-A4統一）

◆ 信託受益権の評価明細書

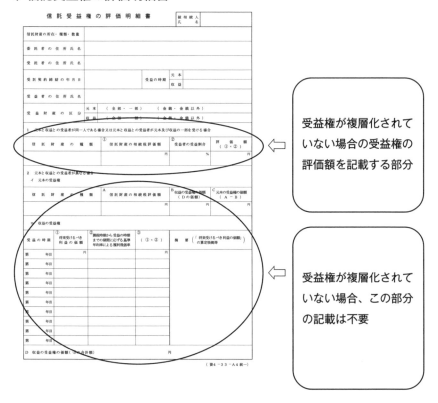

受益権が複層化されて
いない場合の受益権の
評価額を記載する部分

受益権が複層化されて
いない場合、この部分
の記載は不要

（イ）複層化信託の場合、かつ、元本受益権と収益受益権の
　　　受益者が異なる場合

　受益権を元本受益権と収益受益権に分割した複層化信託の場合、か
つ、元本受益権と収益受益権の受益者が異なる場合は、元本受益権と
収益受益権の評価額の計算が必要であり（財産評価基本通達202）、
「信託受益権の評価明細書」においてその計算の明細を記載し、相続
税や贈与税の申告書に添付する必要があります。

　この「信託受益権の評価明細書」に記載すべき元本受益権の評価額
は、信託財産の価額から収益受益権の価額を差し引いて計算します。

　したがって、複層化信託の場合でも、信託財産に係る評価額の算出
が必要な場合があるため、その信託財産の評価額の明細書と上記「信

託受益権の評価明細書」の２種類の書類を相続税や贈与税の申告書に添付する必要があります。

　収益受益権の評価額は、「将来受けるべき利益の価額」に「課税時期から受益の時期までの期間に応ずる基準年利率による複利現価率」を掛けて、それを信託期間の各年ごとに計算し合計するので、その旨を収益受益権の評価額の計算部分に記載します。

◆ 信託受益権の評価明細書

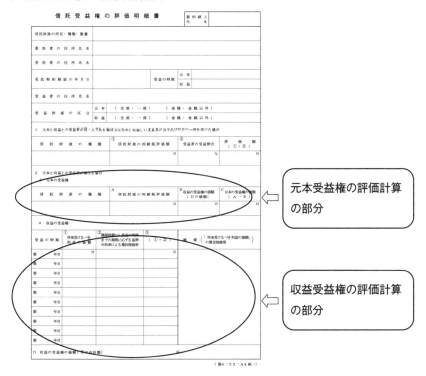

（資4－33－A4統一）

　収益受益権の評価額の計算においては、「将来受けるべき利益の価額」の記載が必要です。

　例えば、賃貸アパートを信託財産とした場合、家賃収入からの経費を差し引いた純利益（減価償却控除前の）を基準として記載することが通常です。

なお、「将来受けるべき利益の価額」が評価額の算出時と将来の実際の実績にズレが生じたとしても、将来受けるべき利益の価額が不合理なものでなければ問題ないものと考えます。財産評価基本通達202では、「将来受けるべき利益の価額」について「推算」することとされているからです。推算であるからには、将来の実績とはズレが生じることは当然のこととして想定されていると考えられます。したがって、収益受益権の評価額の算出に当たり、「将来受けるべき利益の価額」の推算が明らかに不合理であると認められる場合を除き、それが否定されることは考えにくいものと思われます[3]。

ただし、「信託受益権の評価明細書」における備考欄（「将来受けるべき利益の価額」の算定根拠等）には、その推算の根拠を明記しておくべきです。例えば、家賃収入からの経費を差し引いた純利益（減価償却控除前）の過去3年の平均額である旨などが考えられます。

◆ 信託受益権の評価明細書

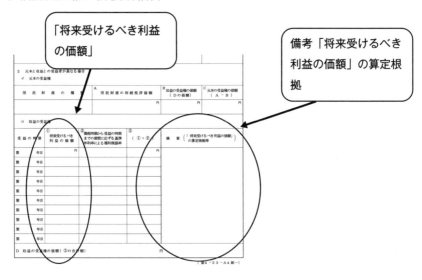

---

[3] 当然のごとく、「将来受けるべき利益の価額」の「推算」が明確な根拠もなく算出されたものであれば、否定されることはあり得るだろう。

「将来受けるべき利益の価額」が決まれば、次は、「課税時期から受益
の時期までの期間に応ずる基準年利率による複利現価率」を記載しま
す。

　「将来受けるべき利益の価額」と「課税時期から受益の時期までの期
間に応ずる基準年利率による複利現価率」を掛けて算出した金額を合計
し、収益受益権の評価額を算出します。

◆「信託受益権の評価明細書」

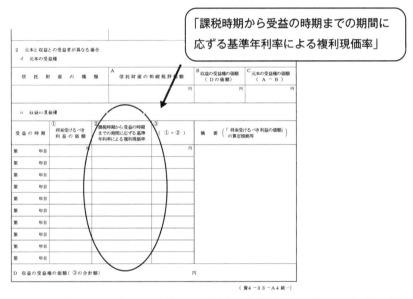

　ここに記載すべき「課税時期から受益の時期までの期間に応ずる基準
年利率による複利現価率」は、国税庁が公表してる「複利表」[4] に記載
の数字を転記するだけです。

　このとき、課税時期の基準年利率を確認する必要があることに注意が
必要です[5]。基準年利率は毎月見直されるからです。

---

[4]　https://www.nta.go.jp/law/tsutatsu/kobetsu/hyoka/210519/pdf/02.pdf
[5]　基準年利率とは、相続税・贈与税を算出するための財産評価を行う際に使用す
る市場利率に基づいた割引率である。

◆ 複利表

〔参考２〕

複 利 表 （令和3年2〜6月、10〜12月分）

区分	年数	年0.01%の複利年金現価率	年0.01%の複利現価率	年0.01%の年賦償還率	年1.5%の複利終価率
短期	1	1.000	1.000	1.000	1.015
	2	2.000	1.000	0.500	1.030

区分	年数	年0.01%の複利年金現価率	年0.01%の複利現価率	年0.01%の年賦償還率	年1.5%の複利終価率
中期	3	2.999	1.000	0.333	1.045
	4	3.999	1.000	0.250	1.061
	5	4.999	1.000	0.200	1.077
	6	5.998	0.999	0.167	1.093

区分	年数	年0.25%の複利年金現価率	年0.25%の複利現価率	年0.25%の年賦償還率	年1.5%の複利終価率
長期	7	6.931	0.983	0.144	1.109
	8	7.911	0.980	0.126	1.126
	9	8.889	0.978	0.113	1.143
	10	9.864	0.975	0.101	1.160
	11	10.837	0.973	0.092	1.177
	12	11.807	0.970	0.085	1.195
	13	12.775	0.968	0.078	1.213
	14	13.741	0.966	0.073	1.231
	15	14.704	0.963	0.068	1.250
	16	15.665	0.961	0.064	1.268
	17	16.623	0.958	0.060	1.288
	18	17.580	0.956	0.057	1.307
	19	18.533	0.954	0.054	1.326
	20	19.484	0.951	0.051	1.346
	21	20.434	0.949	0.049	1.367
	22	21.380	0.947	0.047	1.387
	23	22.324	0.944	0.045	1.408
	24	23.265	0.942	0.043	1.429
	25	24.205	0.939	0.041	1.450
	26	25.143	0.937	0.040	1.472
	27	26.077	0.935	0.038	1.494
	28	27.010	0.932	0.037	1.517
	29	27.940	0.930	0.036	1.539
	30	28.868	0.928	0.035	1.563
	31	29.793	0.926	0.034	1.586
	32	30.717	0.923	0.033	1.610
	33	31.638	0.921	0.032	1.634
	34	32.556	0.919	0.031	1.658
	35	33.472	0.916	0.030	1.683

区分	年数	年0.25%の複利年金現価率	年0.25%の複利現価率	年0.25%の年賦償還率	年1.5%の複利終価率
長期	36	34.386	0.914	0.029	1.709
	37	35.298	0.912	0.028	1.734
	38	36.208	0.909	0.028	1.760
	39	37.115	0.907	0.027	1.787
	40	38.020	0.905	0.026	1.814
	41	38.923	0.903	0.026	1.841
	42	39.823	0.900	0.025	1.868
	43	40.721	0.898	0.025	1.896
	44	41.617	0.896	0.024	1.925
	45	42.511	0.894	0.024	1.954
	46	43.402	0.891	0.023	1.983
	47	44.292	0.889	0.023	2.013
	48	45.179	0.887	0.022	2.043
	49	46.064	0.885	0.022	2.074
	50	46.946	0.883	0.021	2.105
	51	47.827	0.880	0.021	2.136
	52	48.705	0.878	0.021	2.168
	53	49.581	0.876	0.020	2.201
	54	50.455	0.874	0.020	2.234
	55	51.326	0.872	0.019	2.267
	56	52.196	0.870	0.019	2.301
	57	53.063	0.867	0.019	2.336
	58	53.928	0.865	0.019	2.371
	59	54.791	0.863	0.018	2.407
	60	55.652	0.861	0.018	2.443
	61	56.511	0.859	0.018	2.479
	62	57.368	0.857	0.017	2.517
	63	58.222	0.854	0.017	2.554
	64	59.074	0.852	0.017	2.593
	65	59.925	0.850	0.017	2.632
	66	60.773	0.848	0.016	2.671
	67	61.619	0.846	0.016	2.711
	68	62.462	0.844	0.016	2.752
	69	63.304	0.842	0.016	2.793
	70	64.144	0.840	0.016	2.835

（注）
1 複利年金現価率、複利現価率及び年賦償還率は小数点以下第4位を四捨五入により、複利終価率は小数点以下第4位を切捨てにより作成している。
2 複利年金現価率は、定期借地権等、著作権、営業権、鉱業権等の評価に使用する。
3 複利現価率は、定期借地権等の評価における経済的利益（保証金等によるもの）の計算並びに特許権、信託受益権、清算中の会社の株式及び無利息債務等の評価に使用する。
4 年賦償還率は、定期借地権等の評価における経済的利益（差額地代）の計算に使用する。
5 複利終価率は、標準伐期齢を超える立木の評価に使用する。

3 受益権を譲渡した場合

　居住者または恒久的施設を有する非居住者に対し国内において信託受益権の譲渡の対価の支払いをした者は、税務署へ書類（「支払調書」および「支払調書合計表」）を提出する必要があります（所得税法 225 条 1 項 12 号）。提出期限は、支払いの確定した日の属する年の翌年 1 月 31 日までです。

　また、信託受益権の譲渡をした者で、以下の法人等から信託受益権の譲渡の対価の支払いを受けた者は、その譲渡を受けた法人等に個人番号（マイナンバー）等を告知しなければなりません（所得税法 224 条の 4）。

● その信託受益権の譲渡を受けた法人（その信託受益権の譲渡を受け、またはその譲渡について売委託を受けた金融商品取引業者等およびその者を通じてその譲渡を受けたものを除く）

◆ 信託受益権の譲渡の対価の支払調書

令和　　　年分　信託受益権の譲渡の対価の支払調書

支払を受ける者	住所(居所)									
	氏　　名				個　人　番　号					

信託受益権の種別	信託財産の種類	細　目	支　払　金　額		支払確定年月日
			千	円	・　　・
					・　　・
					・　　・
					・　　・
					・　　・
					・　　・

(摘要)

支払者	住所(居所)又は所在地			
	氏名又は名　称	（電話）	個人番号又は法人番号	

整　理　欄	①	②

○個人番号又は法人番号欄に個人番号（12桁）を記載する場合には、右詰で記載します。

352

◆ 信託受益権の譲渡の対価の支払調書合計表

○ 平成28年1月1日以後提出用

処理事項	通信日付印	検　収	整理簿登載	身元確認
	※　・　・	※	※	※

令和　　年分　信託受益権の譲渡の対価の支払調書合計表

税務署受付印

令和　　年　　月　　日提出

税務署長 殿

提出者			
住所（居所）又は所在地	電話（　　－　　－　　）	整理番号	
		調書の提出区分（新規=1、追加=2 訂正=3、無効=4）	提出媒体 / 本店一括 有・無
個人番号又は法人番号(注)	↓個人番号の記載に当たっては、左端を空白にし、ここから記載してください。	作成担当者	
フリガナ 氏名又は名称		作成税理士署名	税理士番号（　　　）
フリガナ 代表者氏名			電話（　　－　　－　　）

支払調書を提出するものの取引件数及び支払金額			支払調書の提出枚数		
種　類	件　数	支　払　金　額	居住者分	非居住者分	計
金　銭	件	円	枚	枚	枚
有価証券					
金銭債権					
不動産					
その他					
計					

（摘　要）

○　提出媒体欄には、コードを記載してください。（電子＝14、FD＝15、MO＝16、CD＝17、DVD＝18、書面＝30、その他＝99）

（注）　平成27年分以前の合計表を作成する場合には、「個人番号又は法人番号」欄に何も記載しないでください。

（用紙　日本産業規格　A４）

著　者

税理士　座間　泰明
（ざま　やすあき）

昭和41年東京都生まれ。慶應義塾大学商学部卒業後、信託銀行に28年間勤務。信託銀行では、遺言信託等の相続業務や資産運用の相談業務に長年従事。

平成28年信託銀行を中途退社し、税理士業界へ転職。

令和元年税理士登録。同年に座間泰明税理士事務所を開業し、現在に至る。相続税等の資産税を得意分野とし、民事信託のコンサルティング業務にも注力している。

論文「受益権評価と課税方式との関係からみた福祉型信託課税のあり方」で第27回租税資料館賞を受賞。

論文「受益権複層化信託と未実現の経済的利益に対する相続税・贈与税課税」で第42回日税研究賞を受賞。

いちばんやさしい
民事信託の税務

令和 4 年 7 月 30 日　　初版発行

〒 101-0032
東京都千代田区岩本町 1 丁目 2 番 19 号
https://www.horei.co.jp/

検印省略

著 者	座 間 泰 明
発行者	青 木 健 次
編集者	岩 倉 春 光
印刷所	日 本 ハ イ コ ム
製本所	国 宝 社

（営 業）	TEL	03-6858-6967	E メール	syuppan@horei.co.jp
（通 販）	TEL	03-6858-6966	E メール	book.order@horei.co.jp
（編 集）	FAX	03-6858-6957	E メール	tankoubon@horei.co.jp

（オンラインショップ）　https://www.horei.co.jp/iec/
（お 詫 び と 訂 正）　https://www.horei.co.jp/book/owabi.shtml
（書籍の追加情報）　https://www.horei.co.jp/book/osirasebook.shtml

※万一、本書の内容に誤記等が判明した場合には、上記「お詫びと訂正」に最新情報を掲載
しております。ホームページに掲載されていない内容につきましては、FAX または E
メールで編集までお問合せください。